Lotte Bormuth

HEIMWEH NACH GOTTES LIEBE

Lotte Bormuth

Heimweh nach Gottes Liebe

francke

Über die Autorin:
Lotte Bormuth ist eine der erfolgreichsten christlichen Autorinnen Deutschlands. In bald über 100 Titeln hat sie mit Lebensbildern und eigenen Erlebnissen vielen Menschen Trost, Freude und Glaubensmut vermittelt. 1945 als Flüchtlingskind nach Deutschland gekommen, engagiert sie sich heute für syrische Flüchtlinge in ihrem Umfeld. Sie hat fünf Kinder, 17 Enkel und einen Urenkel und lebt mit ihrem Mann in Marburg.

Bibliografische Information Der Deutschen Bibliothek
Die Deutsche Bibliothek verzeichnet diese Publikation in der Deutschen Nationalbibliografie;
detaillierte bibliografische Daten sind im Internet über http://dnb.ddb.de abrufbar.

ISBN 978-3-86827-607-7

35037 Marburg an der Lahn
Umschlagbild: shutterstock.com / Dora Zett
Umschlaggestaltung: Verlag der Francke-Buchhandlung GmbH / Christian Heinritz
Satz: Verlag der Francke-Buchhandlung GmbH
Printed in Czech Republic

www.francke-buch.de

Inhalt

Das kleine Lämmchen

Von einem kleinen Jungen las ich, wie sehr er sieh darüber freute, als seine Mutter das selbst gemalte Bild an den Kühlschrank in der Küche hängte. Sein Vater und alle seine Geschwister sollten es sehen und ihn loben. In unserer Erziehung spielt das Lob eine wichtige Rolle. Kinder, die nie Wertschätzung erfuhren, können wie Pflänzchen dahinwelken. Sie entwickeln kein gutes Selbstbewusstsein und sind auch leicht verführbar.

Ich will von Daniel, unserem Jüngsten, erzählen. Eines Tages kam er von der Schule nach Hause und stellte mir ein selbst gebasteltes Lämmchen auf den Tisch. „Für dich, Mama!“ Dieses Geschenk war mir sehr wertvoll. Ich nahm Daniel in den Arm, drückte ihn an mich und gab ihm einen kräftigen Kuss auf die Stirn. „Schön hast du das gemacht. Das Lämmchen ist dir gut gelungen. Da hast du auch viel daran arbeiten müssen. Wunderbar sieht vor allem sein Köpfchen aus. Ich werde dem Lämmchen einen Ehrenplatz auf dem Schrank im Wohnzimmer geben.“

Jahrelang stand es da. Und jedes Mal, wenn ich das Tierchen abstaubte, gingen mir liebe und dankbare Gedanken für mein Kind durch den Sinn. Lotte, klopfte ich mir selbst auf die Schulter, du hast einen lieben, begabten Nachkömmling. Wie gut, dass Daniel noch geboren wurde, war ich doch schon 39 Jahre alt. Ich bewunderte ihn, da ich selbst beim Basteln und Malen nie ein Meister, sondern eine Niete war. Noch heute halte ich dieses erste Geschenk, das Daniel mir für den Muttertag kunstvoll bereitet hat, in Ehren, auch wenn es nur noch ein Öhrchen hat. Jedes Mal, wenn unser Sohn zu Besuch kommt, lacht er mich an und staunt: „Na Mama, das Lämmchen lebt aber lang."

„Ja, Daniel, von ihm werde ich mich nicht trennen."

Kinder brauchen, solange sie leben, Zuspruch und Wertschätzung. Und geht es uns nicht genauso? Wir brauchen doch auch im Alter Anerkennung und Würdigung. Als ich meinen Rentenantrag stellte, half mir ein Herr in der Rentenabteilung, die Formulare auszufüllen. Ich brachte ihm die nötigen Unterlagen. Unter anderen wichtigen Papieren hatte ich ihm auch mein Studienbuch auf den Schreibtisch gelegt, denn ich wusste, dass auch die Zeit meines Theologiestudiums in Marburg bei der Rente eine Rolle spielte. Der Beamte blätterte darin, entdeckte dann mein Foto und schaute mich an: „Frau Bormuth, waren Sie aber eine schöne Studentin."

Ich lächelte etwas verlegen und erwiderte: „Das hat mir aber noch nie jemand gesagt und ich habe mich selbst nie als so attraktiv empfunden." Das Schönste an mir waren meine langen Haare. Ich trug sie in zwei Zöpfen an meinem Kopf hochgesteckt. Und doch hatte ich ein großes Problem. Seit meinem 15. Lebensjahr ärgerte ich mich über die vielen Pickel in meinem Gesicht. Sie verdarben mein Aussehen sehr kräftig. Aber auf dem Foto waren sie wegretuschiert.

Jetzt bin ich alt geworden. Die Pickel belasten mich schon lange nicht mehr. Seit meiner Hochzeit sind die Übeltäter verschwunden. Aber nun gibt es andere lästige Dinge im Gesicht. Viele Falten sind mit der Zeit entstanden und auch meine schönen, ehemals blonden Haare sind ganz grau geworden. Jetzt muss ich darüber lächeln, wenn jemand zu mir sagt: „Frau Bormuth, jetzt kommt es auf Ihre innere Schönheit an.“ Nun werden auch die Fotos nicht mehr retuschiert. Ich darf mich einer guten Gesundheit erfreuen und dafür danke ich meinem Herrn. Ich mache mir keine Gedanken über meine grauen Haare und Falten. Ich weiß mich geliebt von meinem Mann und meinen Kindern und den 18 Enkeln. Wenn wir uns zu einem Familienfest treffen, erhalte ich mindestens 28 Küsse und alle drücken mich fest in ihre Arme.

Vor einigen Wochen war ich nach fast vierzig Jahren auf einem Schulfest und begegnete einer Klassenkameradin. Sie begrüßte mich recht sonderbar: „Ach Lotte, was bist du dick geworden.“ Dabei brachte ich gerade mal 63 Kilogramm auf die Waage, nachdem ich zuvor zehn Pfund abgenommen hatte. Ich wusste ihr kein einziges Wort darauf zu antworten. Im Stillen dachte ich: Ich wünschte, du hättest bessere Manieren und hättest mich umarmt und gesagt: „Wie schön, Lotte, dein fröhliches Lachen hast du noch nicht verlernt.“ Ein gutes freundliches Wort trennt nicht, sondern schafft Wärme und Herzlichkeit.

Diese Erfahrung machte ich auch bei

meiner Mutter. Fast zwei Jahre wohnte sie bei uns, als sie mit 85 Jahren schwach und hilfsbedürftig wurde. Wir hatten für sie ein Pflegebett besorgt, das an der Seite ein Gitter hatte. Es sollte sie schützen, denn es war gefährlich, wenn sie in der Nacht allein aufstand, um zur Toilette zu gehen. Sie litt auch unter einem starken Schwindelgefühl und hätte leicht stürzen können.

An einem Morgen hörte ich plötzlich Schritte auf dem Flur und war völlig überrascht, als Mutter mir entgegenkam. „Ja, sag mal, Mama, wie hast du das geschafft?", kam es mir über die Lippen.

Freudestrahlend antwortete sie mir: „Du siehst, ich kann noch ganz allein aus dem Bett steigen, auch wenn du mich eingesperrt hast. Über den Tisch, der am Kopfende steht, bin ich gekrabbelt und habe mich dann herunterrutschen lassen. Siehst du, Lotte, ich habe noch Kraft."

Ihr strahlendes Lächeln zeigte mir ihr Können. *Ja, Mama, ich weiß, du bist noch stark, aber lieber wäre es mir schon, wenn du nicht ohne fremde Hilfe aus den Kissen steigen würdest*, dachte ich im Stillen.

Am liebsten hätte ich in dieser Situation

ein mahnendes Wort gesagt und vielleicht auch mit ihr geschimpft, aber stattdessen lobte ich sie. „Ja, Mama, du bist schon immer eine kräftige und geschickte Frau gewesen, das weiß ich. Dazu bist du auch noch mutig und waghalsig. Aber bitte, ruf mich das nächste Mal. Wir wollen doch alles gemeinsam machen."

In meinem langen Leben habe ich gelernt, schwierige Situationen positiv zu sehen. Diese Art habe ich an Jesus entdeckt. Er kennt unser Unvermögen und unsere Nöte und ruft uns zu: „Kommet her zu mir alle, die ihr mühselig und beladen seid, ich will euch erquicken." In seinen Armen bin ich geborgen.

Ein besonderes Vermächtnis

Welch ein Vermächtnis wird uns in 2. Timotheus 2,3-7 anvertraut. Der Apostel Paulus sitzt im Gefängnis und hat den Tod vor Augen. Um des Glaubens an Jesus Christus willen muss er leiden, ja er rechnet sogar mit seiner Hinrichtung. In dieser Situation nimmt er noch einmal seine Verantwortung wahr, um Timotheus diesen Brief zu schreiben. Es ist sein letztes Zeugnis, das von diesem Helden des Glaubens an seinen geistlichen Sohn gerichtet wird. Letzte Worte sind meist immer bedeutsam und deshalb sollten wir sie auch beachten und sie uns tief einprägen.

Ich denke an die letzten Worte meines Vaters, die er an uns Kinder richtete. Als auf dem Standesamt sein Testament vorgelesen wurde, hörte ich sie zum ersten Mal und war tief von ihnen beeindruckt. Auch dem Beamten waren sie unter die Haut gegangen und er wandte sich an mich: „Noch nie habe ich solche verantwortungsvollen Ratschläge von Eltern an ihre Kinder wahrgenommen. Und ich bin schon lange auf diesem Amt. Sie müssen sehr liebe, verständnisvolle und gütige Eltern gehabt haben, dass sie Ihnen solche Worte für Ihren weiteren Lebensweg mitgegeben haben."

So hatte er uns in seinem Testament Folgendes vermacht: „Es ist unser größter und innigster Wunsch, dass ihr in euern Familien in Eintracht und Frieden miteinander lebt. Lasst keinen Zank unter euch aufkommen, sondern helft euch, wo ihr nur könnt. Wenn ihr so handelt, werdet ihr immer unter dem Segen Gottes stehen." Auch ich war von Vaters Worten beeindruckt und habe in schwierigen Situationen immer an sie gedacht.

Paulus spricht nun von Timotheus als von seinem lieben Sohn. Solche Worte, die aus Fürsorge und Herzlichkeit geboren sind, werden auch für uns zu rechten Wegweisern in unserem Leben.

Das Vermächtnis des Paulus zeigt sich uns in diesem Brief in drei Bildern. Er will darin die Haltung eines Christen deutlich machen. Der Christ wird verglichen mit einem Soldaten, einem Sportler und einem Landwirt.

Wie ein Soldat soll er in Hingabe seinem Volk und seinem Land dienen. So steht auch ein Christ in seinem Ringen um Gottes Herrschaft in dieser Welt und soll eine Gemeinde Jesu aufbauen. Für die Soldaten gab es in jener Zeit keine allgemeine Wehrpflicht, wie das heute vielfach der Fall ist, sondern Soldaten wurden für diesen hohen Auftrag angeworben. Sie folgten freiwillig dem Ruf ihres Herrschers. Genauso ergeht Gottes Ruf auch an uns. Es ist ein liebender, werbender, einzigartiger Ruf und kein strenger Befehl. Gott, der eigentlich befehlen könnte, wirbt um uns in heiliger Liebe. Er hat uns einen Weg bereitet, der uns in seine völlige Gemeinschaft hineinzieht und auf dem wir unter seiner vertrauensvollen Allmacht und Liebe stehen. Dafür hat er ein großes Opfer gebracht. Er ließ seinen Sohn für uns am Kreuz sterben, damit wir in seine Nachfolge treten können. Wie ein Bräutigam um eine Braut wirbt, so will auch Gott uns an sein Herz ziehen, ja er will sich mit uns verloben, wie es in Hosea 2,22 steht: „Im Glauben will ich mich mit dir verloben und du wirst den Herrn erkennen.“ Sind wir untreu, so bleibt Gott doch treu, er kann sich selbst nicht verleugnen. Das zeigt sich auch in unserer Lebensführung, sodass wir uns nicht sorgen müssen, wenn dunkle Wolken aufziehen und schreckliche Weltereignisse uns bedrohen. Ein Soldat muss sich nicht den Kopf um eine geeignete Wohnung zermartern. Er zieht in eine Kaserne ein, die schon für ihn erbaut ist. Auch seine Uniform, sein Sold und seine Ausrüstung werden ihm zugesichert.

Genauso habe ich auch Gott erlebt.

Als wir mit unserer kinderreichen Familie auf der Flucht waren und im Winter kein Dach über dem Kopf hatten, machte der Herr eine Familie bereit, uns in ihr Haus aufzunehmen. Diese Christen gaben uns eine Küche und eine Kammer dazu. Sie schenkten uns aber noch mehr, nämlich ihre herzliche Liebe und Fürsorge. Wenn sie ein Schwein schlachteten, dann durften wir uns eine Kanne Fleischbrühe holen, in der noch eine Wurst schwamm. Wenn Opa Becker Kochkäse zubereitete, stellte er auch immer eine Schüssel voll vor unsere Tür. Wie oft landete ein Kopf Salat, ein Bund Mohrrüben oder ein Korb mit Birnen auf unserem Küchentisch. Sogar Zuckerrüben und ein halber Sack mit Kartoffeln standen bei uns gelegentlich im Flur. Und dann dachte diese Familie auch an das Wichtigste, wie wir Gottes Wort hören konnten. Sie luden uns jede Woche in ihre Hausversammlung ein.

Nun könnte ich fortfahren und noch von vielen Wohltaten meines Gottes berichten. Als ich als Kind z. B. einmal an einer schweren Bronchitis litt, kam Schwester Luise, eine Gemeindeschwester, zu uns ins Haus. Wir hätten nicht zu einem Arzt gehen können, denn wir waren nicht krankenversichert und es fehlte uns Flüchtlingen auch das nötige Geld. Schwester Luise war eine erfahrene Krankenschwester und gab meiner Mutter gute Ratschläge, wie sie mich versorgen sollte, und händigte ihr heilende Medizin aus.

Am 4. Dezember 1946 wurde meine kleine Schwester geboren. Gott setzte Nachbarn und Freunde in Bewegung, die uns alte Bettlaken schenkten, aus denen meine Mutter Windeln und Hemdchen nähen konnte.

Nach dem verlorenen Krieg folgten notvolle Jahre. Ich weiß um Hunger und war froh, wenn ich in meiner Schultasche zwei kleine Pellkartoffeln fand. Im Sommer 1947 starben in unserem Ort sieben Säuglinge an Magen- und Darmstörungen. Auch wir bangten um unser Geschwisterchen, denn in dieser Zeit gab es noch keine Kühlaggregate. Wenn die Milch erst gegen Mittag im Geschäft angeliefert wurde, war sie meist schon sauer. Für Säuglinge ist saure Milch sehr gefährlich. In meiner Angst um die kleine Lilli, die wir nicht wieder verlieren wollten wie unsere Erika – sie wurde auf der Flucht geboren und musste doch wieder verhungern – machte ich mich mit einem Kännchen jeden Tag auf den Weg, um Milch von den Bauern zu erbetteln. Ich wurde nie aus ihrem Kuhstall verjagt, sondern durfte mein Kännchen vollgefüllt meiner Mutter bringen. Dabei fühlte ich mich so glücklich. Gott will also für uns Menschen sorgen, die er in herzlicher Liebe angeworben hat. Heute erfüllt mich ein Staunen, wie uns der Herr seinen Reichtum zukommen lässt.

Unsere Supermärkte quellen über vor guten Waren. Das sollte unsere Herzen dankbar stimmen und uns zum Teilen mit Bedürftigen ermutigen.

Das zweite Bild in unserem Text spricht von einem Sportler. Was muss er tun, um seinem Auftrag nachzukommen? Das Wichtigste ist, dass er sein Ziel fest im Auge behält und alles daransetzt, es auch zu erreichen. Dazu gehören Beharrlichkeit, Einsatz und Hingabe. In Griechenland war damals der Sport zu Hause. Dort wurden auch die

Olympischen Spiele eingeführt, die heute in aller Welt verbreitet sind. Jeder gibt sein Bestes, um das Ziel zu erreichen, und doch drohen dem Sportler auch Gefahren. Paulus sagt: „Wenn jemand auch kämpft, erhält er doch keinen Siegespreis, er kämpfe denn recht." Schon damals gab es gemeine Menschen, die versuchten, die Läufer auf der Sprintstrecke in Versuchung zu führen und sie zu schädigen, damit ihr Favorit die Medaille erringen konnte. Diese bösen Kerle standen am Spielfeldrand und hatten kleine goldene Kugeln in den Händen, die sie auf die Bahn warfen. Ließ sich ein Sportler davon ablenken und bückte sich nach diesem goldenen Schatz, dann verlor er wertvolle Zeit und konnte das Ziel nicht mehr als Erster erreichen. Die Ehrung blieb ihm versagt. Mit leeren Händen musste er die Kampfbahn verlassen.

Auch wir, die wir zum Glauben berufen sind, können solchen Versuchungen erliegen. Sie sind zahlreich und keiner ist gefeit gegen die listigen Anläufe des Teufels. Welches sind für uns die goldenen Kugeln, die uns der Feind vor die Füße rollt und nach denen wir greifen? Ist es die Ehrsucht, die

Arroganz, der Geiz, das Lügen, die Herrschsucht, der Stolz? Nicht umsonst hat Jesus in seinem Herrengebet die Bitte eingefügt: „Und führe uns nicht in Versuchung." Oft sind es die kleinen Füchse, die den Weinberg verderben. Mit einer Sünde, von der wir meinen, sie sei nicht so gefährlich, können wir Dämme losbrechen, die eine Flut von Verderben über uns bringen. Ein ständiger begehrlicher Blick zum anderen Geschlecht oder Gedanken für einen Menschen, der unsere Sinne verzaubert, können uns zum Ehebrecher machen. Hernach stehen wir oft da und sagen: „Das habe ich so nicht gewollt. Meine Ehe wollte ich nicht aufs Spiel setzen."

Es gibt eine böse Kettenreaktion der Sünde. Deshalb ist es mir ein inneres Bedürfnis, darum zu beten, dass ich nicht in Versuchung gerate. Ich kann mich nie selbst vor Schuld bewahren, sondern brauche die Weisung meines Erlösers, wie ich mich verhalten soll. Manchmal meine ich, durch einen angeblichen Gewinn meine Schuld herunterzuspielen, und merke, wie ich dadurch alles verliere. So bin ich Jesus dankbar, wenn er mich vor Sünde warnt und ich ihm auch gehorche.

An meinem Geburtstag bin ich immer sehr gespannt, welches Wort mir Gott für mein neues Lebensjahr zugedacht hat. So las ich am 3. Januar Psalm 119,36: „Neige mein Herz zu deinen Zeugnissen und nicht zum Geiz." Darüber war ich sehr erschrocken, denn ich kenne das Verlangen, immer zuerst meinen Kindern größere Gaben zuzustecken, als den Kollektenbeutel reichlich zu bedienen. Uns ist aber in der Bibel ein klares Wort dazu gesagt: „Bringet aber die Zehnten ganz in mein Kornhaus und prüfet mich hierin, ob ich euch nicht des Himmels Fenster auftun werde und Segen herabschütten die Fülle." Weil mir durch meine Geburtstagslosung diese Versuchung bewusst wurde, habe ich beschlossen, gleich zu Beginn des neuen Jahres mein Sparbuch zu nehmen und den Zehnten oder auch mehr von meinem Jahresopfer Gott zur Verfügung zu stellen. So kann ich der Versuchung wehren.

Ich weiß um die Macht der Sünde und will Jesus bitten, mich nicht schuldig werden zu lassen. Gerade wenn man in seinem Leben Armut und Entbehrungen in reichem Maße kennengelernt hat, breitet sich später leicht die Geldgier aus. Jesus mahnt uns, dass wir aus großer Dankbarkeit heraus für all das, was er uns zukommen lässt, auch opferbereit werden. Nach goldenen Kugeln will ich nicht greifen, denn ich will alles daransetzen, das Ziel meines Lebens zu erreichen.

Staunen will ich lernen, welch wunderbare Geschenke mir schon zugedacht worden sind. Ein Beispiel soll das deutlich machen.

In Reutlingen war ich zu einem Vortrag eingeladen. Eine Marktfrau hatte mich nach meinem Dienst zum Intercity nach Stuttgart gebracht. Als ich aus dem Auto stieg und nach meinen beiden leeren Koffern griff – denn die Bücher, die ich darin transportiert hatte, waren alle verkauft – füllte sie sie mit herrlichem Obst und Gemüse. Dann holte sie noch zwei Kofferwagen, die auf dem Bahnsteig standen, und belud die mit all den Früchten, die sie an diesem Tag auf dem Markt nicht hatte verkaufen können. Das Abteil im Zug war ganz voll gestellt und ich war dankbar, dass der Schaffner keinen Anstoß daran nahm und ich bis Marburg auch nicht umsteigen musste.

Zu Hause war natürlich die Freude groß. Melonen, Orangen, Äpfel und Birnen erfreuten meine Kinder. Außerdem wusste ich für die nächsten Tage, welches Gemüse ich auf den Tisch stellen konnte. Bei einer großen Familie ist das schon ein wunderbares Geschenk und eine große Hilfe.

Nichts darf mich in meiner Nachfolge Christi von meinem wichtigen Ziel abbringen, auch nicht der Geiz. Jeder von uns kennt seine eigenen goldenen Kugeln und wir brauchen die Ermutigung durch das Evangelium, das wir täglich lesen sollten.

Das dritte Bild weist uns auf den Landwirt hin. Er muss in seiner Arbeit beständig und fleißig sein. Seinen Kühen und Schweinen muss man es ansehen, dass sie immer ordentlich versorgt werden und in den Ställen frisches Stroh liegt. Auf den Feldern darf er das Ackern und Säen nicht hinausschieben. Wer nicht rechtzeitig sät, wird auch nichts ernten können. Müdigkeit und Faulheit im Frühling können ihm seinen Ertrag mächtig schmälern. Dies gilt auch im Dienst für das Reich Gottes. Sind wir in unserem Auftrag für Gott müde geworden, dann dürfen wir uns von unseren Geschwistern im Glauben neue Ermutigung zusprechen lassen.

Mitunter gibt es auch Krisen in der Nachfolge Jesu und der Teufel will uns goldene

Kugeln in den Weg werfen. Diese Versuchung hat sicher schon jeder erlebt. Dann wollen wir uns nach ihnen bücken und verfehlen den Sieg auf unserer Lebensbahn. Wir können im Dienst fallen, dann aber gilt es wieder aufzustehen und das Ziel neu ins Auge zu fassen.

Paulus schreibt in Philipper 3,13-14: „Ich schätze mich selbst noch nicht so ein, dass ich's schon ergriffen habe. Eins aber sage ich: Ich vergesse, was dahinten ist, und strecke mich aus nach dem, was da vorne ist, und jage nach dem vorgesteckten Ziel, dem Siegespreis der himmlischen Berufung Gottes in Christus Jesus." Die Größe und Schönheit des Ziels will ich immer vor Augen haben und mich an der Gnade freuen, die mich zur Herrlichkeit bei Gott führt.

Ein wertvolles Geschenk

Voller Dankbarkeit blicke ich von meinem Schreibtisch auf ein Kreuz, das ich mir schon vor Jahren an die Wand gehängt habe. Eine Freundin hat es mir geschenkt, als sie sehr schwer erkrankt war und sie mit ihrem Tod rechnen musste. Dieses Kreuz ist für mich ein Vermächtnis, das mir ein lieber Mensch in die Hände gelegt hat. Ich wollte es zunächst nicht annehmen, weil ich wusste, wie viel Anni dieses Kreuz bedeutet hat. Sie hatte eine schwierige Kindheit erleben müssen. Einiges hat sie mir aus ihrem Leben erzählt. Ihr Vater war Alkoholiker und die Mutter stand oft hilflos vor ihrer großen Familie, wenn ihr Mann von seinem Chef den Arbeitslohn ausgezahlt bekommen hatte und er dann schnurstracks mit seinen Kumpanen in die Kneipe ging und fast das ganze Geld dort ließ.

Neben ihrer vielen Hausarbeit in der eigenen großen Familie mit vier Kindern musste sie noch bei wohlhabenden Leuten zum Putzen gehen, um für ihre Kleinen Brot auf den Tisch zu bringen. Als die größeren Mädchen nach der Schulentlassung in Stellung gingen, mussten sie ihr weniges Gehalt der Mutter zu Hause abliefern. Erst später, als alle Kinder aus dem Hause gegangen waren, ging es der Familie besser. Die Mutter kehrte ins Berufsleben zurück und arbeitete in einer Fleischerei als Verkäuferin. Nun durften die Mädchen ihren Lohn in die eigene Tasche stecken.

Von dem ersten Gehalt, das meine Freundin in Händen hielt, kaufte sich Anni dieses Kreuz. Es war sehr wertvoll. Nun aber wollte sie es mir schenken, weil ihre Zeit auf dieser Erde sich ihrem Ende zuneigte. Eine enge Freundschaft verband uns miteinander. Ich lernte Anni vor etwa dreißig Jahren auf einer Tagung kennen. Sie sehnte sich nach einer Beziehung zu Gott. Eine Kollegin, die schon Christ war, hatte sie nach Bad Brückenau eingeladen und beide kamen noch am späten Abend zu mir.

Für mich sind es immer Höhepunkte im Verkündigungsdienst, wenn Gott Menschen in seine Nachfolge ruft. So betete ich mit Anni und sie übereignete ihr Leben in die Hände Jesu Christi. Wir blieben von da an miteinander eng verbunden. Das war der

Beginn einer wunderbaren Freundschaft. Jedes Jahr nahm sie an einer Freizeit teil, die ich in Oberstdorf oder auch an anderen Orten hielt. Es hat mir sehr gutgetan, dass sie mir ihre Dankbarkeit zeigte und ich nun ihr Kreuz täglich von meinem Schreibtisch aus sehe. So verliere ich dieses wunderschöne, bedeutsame Zeichen nicht mehr aus den Augen.

Anni blieb mir eine wertvolle Freundin. Oft haben wir uns in den Freizeiten zu längeren Gesprächen getroffen und auch manchen Spaziergang zusammen unternommen. Dabei erzählte sie mir aus ihrem nicht leichten Leben. Vierzig Jahre hatte sie in der Hauswirtschaft in einem Kinderheim gearbeitet und war dann, als sie das Ruhestandsalter erreicht hatte, in ein Altenheim übergewechselt.

Körperlich ging es ihr viele Jahre recht gut und so übernahm sie eine Reihe von Aufgaben für ihre Mitbewohner. Mit zwei älteren Damen ging sie täglich im Park spazieren. Für ihre Nachbarin fuhr sie zum Hausarzt und holte das Rezept und anschließend in einer Apotheke die Medikamente ab. Jede Woche ging sie auch für sie einmal auf den

Wochenmarkt und kaufte ihr Trauben, Bananen und Orangen. Eines Tages fragte die Leiterin dieses Heimes, ob es ihr denn möglich sei, regelmäßig im Speisesaal den Tisch zu decken, die Blumen zu gießen und nachher wieder die Teller, Tassen und das Besteck abzuräumen. Diese Arbeit übernahm Anni sehr gerne. Sie war ja auch noch recht rüstig.

Als man sie für ihren Dienst entschädigen wollte, lehnte sie dies strikt ab: „Nein, dafür nehme ich kein Geld. Mir geht es gesundheitlich noch gut und ich bin Gott dankbar, dass ich noch einen kleinen Dienst hier übernehmen kann."

Als die letzte Freizeit für sie zu Ende ging, kam sie ganz aufgeregt zu mir. „Frau Bormuth, soeben komme ich aus dem Büro und wollte meinen Freizeitbetrag bezahlen. 537 DM hätte ich für die 14 Tage hier entrichten müssen. Aber die Büroangestellte nahm mir das Geld nicht ab. Es sei schon alles für mich bezahlt." Anni wunderte sich darüber und wollte diese Freudenbotschaft gar nicht glauben. Sie dachte, dies sei ein Irrtum. Das Büro aber erklärte ihr, es habe alles seine Richtigkeit, doch den Namen des freundlichen Spenders dürften sie nicht preisgeben. Das sei ein Geheimnis.

Daraufhin steckte Anni die 537 DM in einen Umschlag und gab ihn mir. „Bitte, Frau Bormuth, nehmen Sie das Geld. Ich weiß, dass Sie für die Freizeiten in der ehemaligen DDR kein Honorar und oft auch kein Fahrgeld fordern. Das hat mir ein Leiter aus Thüringen erzählt. Nehmen Sie diesen Umschlag, Sie werden sicher eine gute Idee haben, wofür Sie das Geld verwenden werden. Mir geht es finanziell sehr gut. Sie sehen doch, dass ich jedes Jahr wunderschöne Urlaubstage mit Ihnen in den Alpen verbringen kann, in unserem Heim wird für Essen und Trinken gut gesorgt und neue Kleidung brauche ich mir auch nicht mehr anzuschaffen. Mein Schrank ist voll."

Ich hielt den Umschlag in Händen. Das war ein so großes Geschenk und ich nahm es von meiner Freundin an. Die nächsten Reisen für die Freizeiten ins Erzgebirge und ins Vogtland waren dadurch gesichert. Erst Jahre danach erfuhr Anni, wer ihr Sponsor gewesen war. Der Bürgermeister der Stadt, der sie für ihre treuen Dienste im Heim belohnen wollte, hatte diesen Betrag nach

Oberstdorf überwiesen. Ein herzlicher Gruß von Anni erreichte ihn dann.

Sehr alt ist sie geworden und war bis in ihre letzten Tage ohne größere Beschwerden. In ihrer lieben Art hat sie vielen Menschen im Heim hilfreiche Dienste erwiesen. Jedes Jahr habe ich sie mehrmals besucht, weil sie nun nicht mehr verreisen wollte. Dann stand sie, als ich mich wieder von ihr verabschiedete, auf ihrem Balkon und winkte mir noch lange zu, bis unser Auto um die Ecke gebogen war.

Eines Tages fühlte sie sich sehr müde. Sie legte sich in ihr Bett und kurze Zeit später schloss sie ihre Augen für immer. Ich aber habe eine treue Freundin verloren und ihr Tod hat mich lange traurig gemacht. Doch ihr wunderschönes Kreuz ist mir als Andenken geblieben. Dieses Zeichen des Sieges Jesu hat uns miteinander verbunden. Anni hat ihr göttliches Ziel erreicht, ich aber strecke mich danach aus und sage mit dem Apostel Paulus: „Ich vergesse, was dahinten liegt, und richte mich auf das aus, was vor mir liegt. Ich jage dem vorgesteckten Ziel nach, dem Kleinod, welches mir die himmlische Berufung Jesu vorhält" (Philipper 3,13-14).

Johanna Spyri – eine talentierte Schriftstellerin

Wie gern habe ich in meiner Kindheit die Bücher von Johanna Spyri gelesen. Eine Klassenkameradin hatte einige im Regal stehen und lieh sie mir aus. Viele Stunden habe ich damit zugebracht, um sie zu lesen: „Gritlis Kinder“, „Alm-Öhi“ und „Schloss Wildenstein“. Geboren wurde diese Schriftstellerin 1827 in der Nähe von Zürich. Dort hat sie auch 1901 ihr Leben beschlossen. Ihr schönstes und auch weit verbreitetes Buch ist „Heidi.“

Johanna war selbst ein fröhliches, lustiges und mutiges Kind und hat gern mit anderen Kindern die Freizeit verbracht. Ihr Herz war aufgeschlossen für die Kleinen und für sie hatte sie ein starkes Einfühlungsvermögen. Besonders hat sie sich um verwaiste und vernachlässigte Kinder gekümmert. Sie fand auch Eingang in die Höhere Töchterschule und hatte zu diesen jungen Mädchen Kontakt. Ihr Vater übte den Beruf eines Landarztes aus und fand dadurch Zugang zu der dörflichen Bevölkerung, die oft krank an Leib und Seele war. Für seine leidenden Patienten stand seine Tür Tag und Nacht offen. Selbstlos und mit großem Können widmete er sich seinen Kranken und seine Familie brachte sich mit ihrer Kraft ein, sie zu pflegen, wenn es nötig war. So lernte die kleine Johanna schon früh das Leid der Menschen kennen und öffnete ihr Herz für diese in Not geratenen Leute.

Sie selbst erlebte eine wunderbare, frohe Kindheit inmitten ihrer sechs Geschwister. Oft erkannte sie auch, wer dieser Not begegnen konnte und schloss sich solchen Menschen an. In ihren Büchern spielen liebevolle Mütter, verständnisvolle Tanten, weise Großmütter und hilfsbereites Dienstpersonal eine wichtige Rolle. Sie nahm auch Kontakt auf zu Ärzten und Pfarrern, aber auch zu liebevollen Buben und Mädchen, die die Not erkannten und hilfreich einsprangen.

Als junge Frau liebte sie die Natur und trug die Schönheit der Schweiz in ihrem Herzen. Mit begeisterten Worten konnte sie dies in ihren Büchern schildern. Ihr Innerstes war aber auch empfänglich für Leid,

Drangsal und Elend. Das Talent zur schriftstellerischen Arbeit hat sie von ihrer Mutter, Meta Häuser, geerbt, die auch viele Lieder gedichtet hat, von denen heute noch eins im schweizerischen Gesangbuch zu finden ist. Die Mutter war eine gläubige Christin und hat in das Herz ihrer Kinder schon früh einen festen Glauben an Jesus gelegt. Sie pflegte auch eine Freundschaft zu dem bekannten Schriftsteller Conrad Ferdinand Meyer, der dann später auch die wunderbare Beziehung mit Johanna fortsetzte. Johanna liebte ihre Bibel und konnte auch eine Menge Verse auswendig aufsagen, was dann in ihren Büchern einen Widerhall gefunden hat.

Durch den intensiven Umgang mit dem Wort Gottes fand sie den Weg zu ihrem himmlischen Vater. In ihm fühlte sie sich geborgen, auch wenn Trübsal ihr das Herz schwer machen wollte. So verlor sie nach glücklicher Ehe und harmonischem Familienleben in einem Jahr ihren geliebten Mann und ihren einzigen Sohn. Weil sie durch diese notvollen Ereignisse tief im Leid verwurzelt war, vermochte sie auch ihren jungen Lesern die Wirklichkeit des Kummers, der Krankheit und des Todes nahezubringen.

Und doch ist dies ihr Losungswort geblieben: „Gott sitzt im Regimente und führet alles wohl." Auch die Schwere des Schicksals konnte ihr nicht das Vertrauen zu Gott nehmen.

Wahrscheinlich vermag uns deshalb Johanna Spyri in ihren Büchern den Trost durch Gottes Führung deutlich zu machen, weil sie selbst in mancherlei Rätseln ihres Lebens Enttäuschungen und Elend erfahren musste. In ihrem ersten Buch mit dem Titel „Ein Blatt auf Vronis Grab" erfahren wir aus ihrem eigenen Leben, was sie ihrer Freundin anvertraut hatte. Sie wünsche sich für ihre Zukunft nur das eine, glücklich zu sein. Bei einem intensiven Gespräch saßen die beiden jungen Mädchen unter einem Eichenbaum.

Viele Jahre später erlebte Johanna noch einmal diese Situation, als sie wieder unter dem gleichen Baum saß. Ihre Stimmung war aufgeheitert und sie hatte sich gerade in die Dichtung von Homer vertieft. Aber da geschah etwas sehr Trauriges. Von einer Frau, die gerade an ihr vorüberging, hörte sie von Vronis großem Unglück. Darüber schreibt sie: „Warum nur habe ich Vroni nicht an jenem Abend aufgesucht? Als ich an jenem

Abend an der Eiche weinte, war das nicht nur um eines vorübergehenden Mitleids willen, das ich für Vroni empfand, sondern weil eine dunkle Macht in diesem Leiden an mich herantrat, gegen die ich mich nicht wehren konnte. Hätte ich auf jene Stätte des Elends mit der Odyssee in der Hand treten und das zerschlagene Leben mit homerischer Heiterkeit aufwecken können? So verdreht war ich nicht. Ich konnte damals nicht zu ihr gehen. Noch einmal sah ich den Abendstern über den dunklen Tannen leuchten wie in den folgenden Jahren. Manchen tiefen Kampf, den ich nicht vor Menschenaugen auszukämpfen vermochte, brachte ich auf die stille Stätte und manche Stunde nagender Unruhe wurde unter der schweigenden Eiche durchgerungen."

Erst nach zehn Jahren besuchte sie wieder ihre todkranke Klassenkameradin. Sie war darüber verwundert, Vroni so zufrieden anzutreffen, dass sie sie fragen musste: „Vroni, kannst du glücklich sein in all deiner Not?" Die Antwort überraschte sie völlig, ihr Gesicht war dabei von einem wunderbaren Glanz überstrahlt: „Ja, das bin ich von ganzem Herzen und ich sage dir auch warum. Vielleicht kannst du meine Gefühle gar nicht verstehen. Aber mich tröstet in all den schrecklichen Schmerzen, die ich ertragen muss, das Bibelwort: ‚Wenn ich nur dich habe, so frage ich nicht nach Himmel und Erde.' Das ist das Leitmotiv für mein Leben."

Die Haltung von Vroni hat Johanna nachdenklich gemacht und sie antwortete darauf: „Ich bete darum, dass auch ich von ganzem Herzen dies sagen lerne. Vroni, ich kann mir an dir ein Beispiel nehmen."

Darauf erwiderte ihr Vroni: „Sieh nur, alle Tage macht mir der liebe Gott eine neue Freude. Wie schön war es damals, als wir Freundinnen beieinandersaßen. Und jetzt ist es noch viel schöner mit Gott."

Die gestohlene Wodkaflasche

Für Martin Waldner (der Name ist geändert) wird morgen ein schwerer Tag sein. So sitzt er mit niedergeschlagenem Gemüt vor mir und beginnt das Gespräch: „Frau Bormuth, am Freitag muss ich zum Gericht. Die Verhandlung ist auf 14 Uhr angesetzt und der Gedanke daran zermürbt mich. Mir wird vorgeworfen, aus einem Großmarkt eine Wodkaflasche gestohlen zu haben. Aber ich war das nicht. Ein boshafter Kumpel muss mir die Flasche in den Rucksack gesteckt haben. Ich vermute, es war der Obdachlose, den ich öfter in meinem Zimmer habe schlafen lassen. Wenn alles glimpflich verlaufen wäre, hätten wir uns danach einen guten Tag machen können, denn auch er ist Alkoholiker, aber er wollte nicht beim Stehlen erwischt werden; denn mein Kumpel steht noch unter Bewährung und in den Knast wollte er auf keinen Fall. Aber nachweisen kann ich ihm sein Tun nicht. Der Tag morgen kann für mich zu einer Katastrophe werden. Ich habe nämlich früher einmal in diesem Geschäft Lebensmittel gestohlen und wurde dafür zu mehreren Monaten Haft mit anschließender Bewährung verurteilt. Die Zeit der Bewährung ist aber auch bei mir noch nicht abgelaufen und ich werde wohl wieder ins Gefängnis wandern müssen. Aber dieses Mal werde ich bestimmt nicht vorzeitig auf Bewährung freigelassen."

„Haben Sie denn niemanden, der Ihnen im Gerichtssaal beistehen kann?", frage ich ihn.

„Doch, mein Bewährungshelfer hat mir versprochen, dass er alle Register ziehen wird, um mich vor dem Knast zu bewahren. Aber ich habe nicht viel Hoffnung, dass dies gelingt."

Mir fällt es schwer, Herrn Waldner zu beruhigen. Was hätte ich ihm auch sagen sollen? Er ist ein Trinker. Schon vor einigen Jahren ist er in diesen verderblichen Zustand hineingeraten. Dadurch hat er viel Leid erfahren. Seine Frau hat sich von ihm scheiden lassen. Aber was ihm am meisten Kummer machte, war seine Tochter, die keinen Kontakt mehr zu ihm wollte. Nach dem Tod seines Vaters – er war ein Industrieller – fühlte er sich um sein Erbe betrogen. Es wurde ihm nämlich nur ein ganz geringer Teil des Vermögens ausgezahlt.

„Ich war darüber sehr erbost“, erzählt er mir, „dass meine Brüder mich dermaßen in die Pfanne gehauen haben. Ich habe mit den Ämtern regelrecht um den Anteil eines gerechten Erbes gekämpft, denn mein Vater war ein reicher Unternehmer. Aber in all meinen Bemühungen bin ich gescheitert. Meine Enttäuschung war groß und ist es auch bis heute noch. Sie hat mich in Wut und Rage versetzt. Diesem Druck konnte ich nicht standhalten. Mit Schnaps wollte ich meinen Kummer betäuben. Viel zu spät merkte ich, in welch schreckliche Falle ich getappt war. Zum Alkoholiker bin ich geworden. Zunächst habe ich mir dies nicht eingestehen wollen, aber schließlich musste ich es doch zugeben. Zweimal habe ich eine Entgiftung und danach eine Therapie begonnen, die ich aber nie bis zum Ende durchgehalten habe. Immer wieder wurde ich rückfällig. Nun muss ich wohl mein ganzes Leben vom Alkohol gequält werden. Ich weiß auch nicht, ob mir die Krankenkasse ein drittes Mal eine Therapie finanziert. Ich bin auf der ganzen Linie ein gefährdeter Mensch und habe früher auch mal Lebensmittel und Wein gestohlen. Dafür habe ich bitter büßen müssen.

Das Leben im Gefängnis war unerträglich für mich. Am meisten habe ich darunter gelitten, dass ich in meiner Zelle nicht selbst die Tür von innen öffnen konnte. Immer musste ich warten, wenn ich Hilfe brauchte, dass mir von außen ein Wärter die Tür öffnete. Nur eine Stunde Hofgang war mir täglich erlaubt. Darunter habe ich gelitten wie ein Hund, denn ich war es gewohnt, als Lastkraftfahrer durch fast ganz Europa zu reisen. Ich liebte die Freiheit. Nun aber war ich auf ein paar Quadratmeter beschränkt und eingesperrt wie ein Kaninchen in einem Käfig. Frei wollte ich sein, wirklich frei.

Als ich wegen guter Führung vorzeitig entlassen wurde und mir die Gefängnistore aufgeschlossen wurden, war ich wohl der glücklichste Mensch auf der Welt. Niemals wollte ich mehr hinter Gittern leben. So sitzt mir die Angst an diesem neuen Gerichtstag im Nacken. Diesmal habe ich wirklich nichts gestohlen. Aber wer wird mir glauben? Ich vermute, dass mein Kumpel – auch er ist ein Bruder der Landstraße –, den ich im Laden getroffen habe, mir diese Schandtat angetan hat. Aber nie würde dieser Kerl zugeben, dass er mich tief reingeritten hat. So werde ich mit trockener Kehle und zitternden Knien auf der Anklagebank sitzen."

Nun war ich gespannt, wie diese Geschichte enden würde.

Am nächsten Tag kam Herr Waldner ganz glücklich zu mir: „Frau Bormuth, nun muss ich Ihnen von einer Freudenbotschaft berichten. Noch immer kann ich sie nicht fassen. Stellen Sie sich vor, dieser bittere Kelch ist an mir vorübergegangen. Mein Vergehen wurde nur mit einer Geldstrafe geahndet."

Tief atmete Herr Waldner durch. Für ihn kam dieser Urteilsspruch einem Wunder gleich.

So hatte mir der einst Obdachlose, der nun in unserem Haus ein Dach über dem Kopf gefunden hatte, seine Leidensgeschichte erzählt. Ich wollte ihm helfen, denn ich wusste, wie wenig Geld ihm monatlich zur Verfügung stand. Die Miete wurde zwar vom Sozialamt überwiesen, aber für seine täglichen Bedürfnisse blieb ihm nicht viel in seiner Geldbörse. So beschloss ich mit meinem Mann, für die Strafgebühr aufzukommen und sie durch eine Mitarbeiterin von der Diakonie an das Gericht übergeben zu lassen. Ich selbst wollte anonym bleiben und habe auch Herrn Waldner nichts davon gesagt. Diese Frau aber riet mir davon ab, da seine Betreuerin schon für Herrn Waldner das Geld zusammengespart hatte und mit der Gerichtskasse in Verbindung stand. Bei solchen Gerichtsurteilen sollen die Betreffenden auch selbst die Strafe spüren, damit sie nicht wieder so schnell rückfällig werden. Das nahm mir mein Tun aus der Hand.

Und doch wollte ich meinem Mieter helfen und so bot ich ihm an, jeden Sonntag nach dem Gottesdienst für ihn mit zu kochen. Ich wollte ihm einfach etwas Gutes tun und ihn zugleich am Reichtum der göttlichen Botschaft teilnehmen lassen. Mir selbst vergibt ja Gott auch alle Schuld und so darf ich meinem Bruder in Not auch verzeihen und ihm helfen. Ich möchte Herrn Waldner zeigen, dass Gott es gut mit ihm meint. Ich habe viel Hoffnung für ihn, dass er doch noch seine Trinkerei aufgibt und zum trockenen Alkoholiker werden kann. Gott will jeden heilen und bei ihm ist kein Ding unmöglich.

Herr Waldner freute sich sehr über die Einladung zum Gottesdienst. Noch mehr freute er sich aber wohl auf das leckere Essen, das ich ihm anschließend kochen wollte.

„Frau Bormuth, Ihr Angebot nehme ich gerne an und bin sonntags Ihr Gast. Schnitzel mag ich am liebsten." Mir blieb ein glückliches Schmunzeln auf dem Gesicht.

Ein starker Trost

Heute feiern wir in unserer Gemeinde den Ewigkeitssonntag. Aber mir ist nicht nach Feiern zumute. Ich bin froh, dass ich in der letzten Reihe sitze und von den anderen Besuchern unbeobachtet bin. Ich will nicht, dass mich Menschen in meiner Traurigkeit sehen, wie mir die Tränen über die Wangen laufen. An meinen Vater werde ich erinnert. Sein Tod hat in mir eine große Wunde gerissen, obwohl ich weiß, dass er nun bei Jesus in seiner Herrlichkeit zu Hause ist. Als ich in der Nacht an seinem Sterbebett saß, ihm in seiner Not beistand, das Blut und den Eiter von seinem Körper abwusch und das Bett mehrmals frisch bezog, war ich nicht so traurig wie in diesem Gottesdienst. Ich erlebte damals, wie er den 23. Psalm und die Gebete der Familie verinnerlichte und auch selbst seine Hände faltete und mit Jesus sprach. Es war das erste Mal, dass ich meinen Vater beten hörte. Eine tiefe Freude erfüllte mich in dieser seiner letzten Stunde, da ich begriff, dass ich jetzt von ihm Abschied nehmen musste. Es war mir ein starker Trost, zu wissen: Jetzt geht mein Vater in Gottes himmlisches Reich.

Seit zwei Jahren wusste ich, dass er unheilbar krank war. Der Krebs war viel zu weit fortgeschritten und kein Arzt hätte ihm mehr helfen können. Ich wollte mit Vater schon früher einmal darüber reden, wie nötig es sei, dass er sein Leben in die Hände Gottes legt, bevor es zu spät ist. Aber er wollte nichts davon hören. „Lotte, lass mich bitte mit solchen Dingen in Ruhe. Ich bin krank, das weiß ich, aber ich werde gegen den Krebs ankämpfen und ihn überwinden."

Damals war ich recht niedergeschlagen, als ich mit ihm bei strahlendem Herbstwetter auf einer Bank am Waldrand saß. Ich fühlte eine große Verantwortung und hätte ihm gerne das Wichtigste deutlich gemacht, ehe es zu spät war.

Aber nun durfte ich doch am Ende seines Lebens erfahren, wie er sich zu Gott wandte und sich ihm anvertraute. Dieses beeindruckende Erlebnis hat mich in seiner Sterbestunde mit einer tiefen Freude erfüllt. Ich begriff: Nun hat mein Vater das Ziel seines Lebens erreicht. Dass ich die Heimkehr meines Vaters zu Jesus, seinem Erlöser, erfuhr, hat mich beglückt und ist mir nie mehr aus meinem Sinn entschwunden. Es war für mich das schönste Vermächtnis, das ich mit meinem Vater erlebte. Die Trauer über den Verlust meines Vaters stellte sich erst nach Wochen ein und auch heute am Ewigkeitssonntag holt sie mich wieder ein. Ich kann meinen Tränen nicht Einhalt gebieten.

Plötzlich werde ich an ein Gedicht von Matthias Claudius erinnert. Während meiner Schulzeit ist es mir schon bedeutsam geworden und ich habe es wieder in einem alten Buch entdeckt:

Bei dem Grabe meines Vaters

Friede sei um diesen Grabstein her!
Sanfter Friede Gottes! Ach, sie haben
einen guten Mann begraben,
Und mir war er mehr;

Träufte mir von Segen, dieser Mann,
wie ein milder Stern aus bessern Welten!
Und ich kann's ihm nicht vergelten,
was er mir getan.

Er entschlief; sie gruben ihn hier ein.
Leiser, süßer Trost, von Gott gegeben,
Und ein Ahnden von dem ew'gen Leben
Düft' um sein Gebein!

Bis ihn Jesus Christus, groß und hehr!
Freundlich wird erwecken – ach, sie haben
einen guten Mann begraben,
und mir war er mehr.

Ich sinne diesen Strophen nach und mir wird bewusst, wie viel auch ich durch seinen Tod verloren habe. Aber ich muss auch an all das Schöne denken, das ich mit meinem Vater erlebt habe. Er hat mir viel Gutes getan. Einige wenige Erinnerungen will ich folgen lassen. Sie sollen in mir lebendig bleiben und mich seiner Liebe gewiss machen.

Es war kurz vor meinem Abitur und ich entdeckte, dass ich vor allem in Deutsch Lücken aufzuweisen hatte. In den Weihnachtsferien saß ich viele Stunden und beschäftigte mich mit dem Unterrichtsstoff. Darüber war es spät geworden. Da setzte sich mein Vater zu mir und half mir. Er nahm sich viel Zeit, um mich in den Reichtum der deutschen Literatur einzuführen. Wir lasen zusammen

Gedichte von Schiller und Dramen von Goethe. Auch in Geschichte und Sozialkunde erklärte er mir Wesentliches. Das Lernen mit ihm machte mir riesigen Spaß und ich verlor die Angst vor der mündlichen Prüfung. Vater schenkte mir Zeit und opferte seinen Schlaf für mich, den er doch so nötig hatte.

Oder ich denke an unsere Flucht im Januar 1945. Wenn ich den Donner der feindlichen Kanonen hörte oder mich von Tieffliegern bedroht fühlte, wenn ich vom Wagen heruntersprang und mich in einen Graben warf, empfand auch mein Vater meinen Kummer. Wenn der Angriff vorbei war, dann nahm er mich in den Arm. Ich durfte vorne bei ihm sitzen, die Zügel in Händen halten und unsere Pferde lenken. Fest drückte ich mich dabei an seinen Schafspelz. Oft erzählte er mir dann wunderschöne Geschichten aus seiner Kindheit in Bessarabien. Er war ein Meister auf diesem Gebiet und hat mir viele frohe Erlebnisse weitergegeben.

Auf einem Bauernhof ist er aufgewachsen. Zwölf Kinder hat seine Mutter geboren, sechs Jungen und sechs Mädchen. Schon sehr früh musste er bei der anstehenden Arbeit mithelfen und in der Küche den Ofen schüren, das Brot backen, die Butter herstellen und das Wasser aus dem Dorfbrunnen holen. Auch gehörte es zu seiner Aufgabe, die riesigen Berge von Geschirr nach dem Essen zu spülen. So stand er einmal vor den vielen Tellern und trocknete sie ab. Da er ein fleißiger Schüler war, ihm aber die Zeit zum Lernen oft fehlte, nutzte er jede passende Minute für die Hausaufgaben. Er beschäftigte sich gerade mit dem Gedicht „Der Erlkönig". Auf der etwas schrägen Fensterbank wurde der Stoß der abgetrockneten Teller immer höher. Plötzlich kamen sie ins Rutschen und das ganze Geschirr landete auf dem Fußboden. Der laute Krach war nicht zu überhören und seine Mutter eilte sofort herbei. Sie sah das Malheur. Überall lagen die Scherben der so wertvollen Teller auf dem Lehmboden herum. Hinter der Tür standen seine Geschwister und kicherten: „Jetzt wird Albert sicher ein paar Ohrfeigen einstecken müssen." Die Mutter schimpfte ihn laut aus und wollte ihn bestrafen, aber da stand schon sein Vater in der Tür. Auch er hatte das Klirren gehört und ahnte, dass sein Junge wohl mit einigen Ohrpfeifen rechnen musste. Daher rief er laut: „Rosina, schick mir den Bub sofort heraus. Er muss mir helfen, die Pferde anzuspannen.“ Schnell entwischte der Pechvogel durch die geöffnete Tür und konnte so der Strafe entgehen.

Wenn mein Vater solche Erlebnisse wie diese aus seiner Heimat erzählte, hörte ich förmlich, wie er den Erlkönig aufsagte, bis es dann zu diesem heftigen Schlag kam und der Fußboden mit Scherben übersät war. Mit diesen Erzählungen hat mir Vater meine Angst genommen. Ich schmiegte mich dicht an ihn heran und bat ihn: „Papa, erzähl weiter, immer weiter!“

Mein Vater war ein hervorragender Pädagoge. Er wusste, was sein kleines Lottchen in den Wirren des Krieges brauchte: lustige und fröhliche Geschichten. Seine Liebe hat mich durch mein ganzes Leben begleitet.

Einmal waren mein Mann und ich in eine schlimme finanzielle Not geraten. Wir waren jung verheiratet. Die Wohnungsnot war sehr groß und so machte uns Vater Mut, ein Eigenheim zu bauen. Ein Freund aus unserer Gemeinde, er war Fabrikant, bot uns auch 5000 DM als Darlehen an. Darüber waren wir natürlich sehr glücklich. Wir hatten ihm versprochen, dass wir das Geld in bestimmten Raten zurückzahlen wollten. Nun war die letzte Rate noch fällig, aber zu unserer Bestürzung merkten wir, dass wir uns verrechnet hatten. 1000 DM fehlten uns noch. Wir überlegten hin und her, wie wir aus diesem Dilemma herausfinden könnten. Damals waren unsere Kinder noch klein und es konnte immer nur einer von uns in die Bibelstunde gehen. Diesmal war ich an der Reihe. Ich zog meinen Mantel an und verließ unser Haus. Mein Mann saß zu Hause und bewegte die Frage, wie er unser Problem lösen könnte. Aber er blieb ratlos. So griff er zur Bibel und stieß dabei auf ein sehr treffendes Wort aus den Chronikbüchern. Dort hieß es: „Der Herr hat noch mehr, das er dir geben kann, denn dies." Karl Heinz fühlte sich durch diesen Vers angesprochen und beruhigte sich. Als ich nach Hause kam, sagte er mir sofort, wie Gott durch dieses Bibelwort zu ihm in unsere bedrängte Lage hineingesprochen habe.

Am nächsten Tag hatte Karl Heinz Geburtstag. Er erhielt von meinem Vater eine Postkarte mit herzlichen Grüßen. Am untersten Rand in ganz kleiner Schrift hatte mein Vater noch vermerkt: „Wenn Du Geld brauchst, ich habe 1000 DM für Dich gespart." So war mein Vater. Unsere Not war auch seine Not, obwohl wir ihm nichts von den 1000 DM gesagt hatten. Er spürte, wie schwer es uns würde, nun zu bauen, und half uns. Selbst gönnte er sich fast gar nichts, aber um uns kümmerte er sich liebevoll. So erlebten wir hier seine und auch Gottes Hilfe und konnten die letzte Rate an unseren Freund zurückzahlen. Wir brauchten ihn nicht zu enttäuschen.

Wer solch einen Vater hat, kann mit Matthias Claudius dankbar sagen: „Ach, sie haben einen guten Mann begraben und mir war er mehr."

Barmherzigkeit tut uns not

Während einer Freizeit in Langensteinbach fiel mir eine Frau auf. Sie saß vor mir, zusammengesunken und recht niedergeschlagen. Ich fragte mich im Stillen: Welche Not trägt sie wohl in ihrem Herzen? Schon am zweiten Tag kam sie auf mich zu und bat um ein Gespräch. So setzten wir uns zusammen. „Frau Bormuth, ich habe mir extra diese Tagung ausgesucht, um mit Ihnen sprechen zu können. Wir haben in unserer Familie so viel Leid erlebt, dass wir kaum noch wissen, wie wir das ertragen können. Dabei waren wir über viele Jahre eine große, glückliche Familie. Ich bin selbst nicht verheiratet, aber meine Angehörigen waren mir immer sehr zugetan und an den Kindern hatte ich meine Freude, ich war ihre geliebte Tante Ingrid. So hat mich nie ein Gefühl der Bekümmertheit bedrückt.

Auch mit meinem Bruder habe ich mich bestens verstanden und war ihm dankbar, dass er mich in seine Familie aufnahm. Thomas hatte eine leitende Stellung in einer Bank und war erfolgreich. Aber dann folgte nach einigen Jahren eine Zeit, in der er immer stiller und zurückgezogener lebte. Zunächst empfanden wir sein Verhalten nicht als tragisch und waren der Meinung, dass er unter Arbeitsüberlastung leide. Er trug eine immense Verantwortung auf seinen Schultern. Aber allmählich waren wir doch in Sorge um sein Ergehen. Eine tiefe Traurigkeit legte sich auf sein Gemüt. Er sprach kaum noch mit uns, hatte plötzlich keine Lust mehr, zu seiner Bank an die Arbeit zu gehen und meldete sich zu einer Kur an. Aber hinterher war er elender und bedrückter als zuvor.

So suchte er einen Arzt auf und ließ sich über einen längeren Zeitraum krankschreiben. Die Ursache für den Zerfall seiner Lebenslust lag in einer tiefen Depression, aus der er keinen Ausweg wusste. Wir waren alle sehr besorgt um ihn.

Dann kam ein Tag, der unsere ganze Familie ins Unglück stürzte. Seine Frau wurde von der Polizei informiert, dass ihr Mann einen Unfall erlitten habe. Aber es war kein Unfall, sondern ein Selbstmordversuch. Auf einem freien Feld hatte er sich mit Benzin übergossen und sich angezündet. Ein Bauer entdeckte ihn und holte sofort Hilfe beim

Rettungsdienst und bei der Feuerwehr. Der Brand wurde gelöscht, aber die Verbrennungen waren katastrophal. Als seine Frau zu ihm eilte, war es ihr noch möglich, mit ihm zu sprechen. Er beteuerte, dass er sie und seine Kinder sehr liebe, und entschuldigte sich für seine Tat. „Aber“, so flüsterte er noch, „ich wusste nicht mehr aus noch ein und konnte mein Leben nicht mehr in den Griff bekommen.“ Er hatte sich das Benzin über die Beine gegossen, die natürlich schrecklich zugerichtet waren. Die Verbrennungen waren so stark, dass sein Leben an einem seidenen Faden hing. Er wurde zwar sofort mit dem Rettungswagen in eine Spezialklinik gebracht, aber er fiel dann ins Koma, aus dem er nicht mehr aufgewachte. Zwei Tage später hauchte er sein Leben aus.

Auf seinem Schreibtisch hatte er einen Abschiedsbrief hinterlegt. Darin dankte er allen, die ihn geliebt hatten: seiner Frau, seinen Kindern und allen seinen Verwandten und Freunden. Zugleich entschuldigte er sich für seine Selbsttötung, aber er habe keinen Ausweg mehr aus seiner Depression gefunden. Vor allem dankte er allen Rettungskräften, die versucht hatten, ihm zu helfen. Aber er wusste, dass dies wohl nicht gelingen würde.

Für seine Angehörigen und Freunde war sein Verhalten unbegreiflich. Dieser Suizid legte sich wie ein schwerer Schock auf sie. Am Tage zuvor hatte er noch sehr fröhlich gesagt, dass er zum Basketballspiel gehen würde. Ganz beglückt habe er von seinen spielerischen Erfolgen am Abend erzählt. Keiner hätte vermutet, dass er von solch schwerem Leidensdruck gequält wurde. Er überdeckte seine Depression mit einem aufgesetzten frohen Mut."

An der Stelle möchte ich persönlich anmerken, dass dies oft ein Zeichen einer endgültigen Entschlossenheit zur Selbsttötung ist. Aus meiner Arbeit in der Telefonseelsorge, wo es meine Aufgabe war, mich besonders um Suizidgefährdete zu kümmern, ist mir das öfter vor Augen gekommen. Wenn Menschen den festen Entschluss gefasst haben, aus dem Leben zu scheiden, übertünchen sie ihre Haltung mit einer fast ausgelassenen Fröhlichkeit, damit die Angehörigen getäuscht werden. Der Schock, den ihre Lieben dann aber erleiden, ist dann umso unbegreiflicher. Er macht sie fassungslos.

So fand man noch in seiner Fahrradtasche einen Zettel, in dem er sich bei allen Menschen entschuldigte, die ihm nahestanden und die ihn vermutlich würden retten wollen, falls sie ihn rechtzeitig fanden. Er vergaß weder die Ärzte noch das Pflegepersonal, sondern sprach allen seinen Dank für ihre Mühe aus. Wie sehr muss seine Wahrnehmung vom Leben eingeengt gewesen sein. Er fühlte sich wohl wie in einem dunklen Tunnel, aus dem er nicht mehr herausfand. Nur im Tod sah er eine Lösung für seine vielfältigen Konflikte und seelische Zermürbung.

Lange habe ich mit Ingrid zusammengesessen. Es war ihr ein Bedürfnis, sich den Kummer von der Seele zu reden. Viele Tränen liefen ihr über die Wangen und ich war auch sehr betroffen. Mir war es wichtig, ihr zu sagen: „Ingrid, wir sind nie Herren über das Leben anderer Menschen. Manchmal ist die Todessehnsucht so groß, dass man nur noch im Selbstmord eine Lösung sieht. Uns aber bleibt die Hoffung, dass Gott über jeden Menschen am Ende seines Lebens ein barmherziges Wort sagen wird. In dieser Situation tröstet uns Jesu Zuspruch: Euer

Herz erschrecke nicht! Glaubt an Gott und glaubt an mich! In unserer Fassungslosigkeit und unserer Verzweiflung dürfen wir uns in Jesus bergen, der um unsere Angst weiß, uns aber zuruft: Ich habe die Angst dieser Welt überwunden."

Ich betete noch mit Ingrid und ließ auch meine Tränen über die Wangen laufen. Meiner verweinten Augen schämte ich mich nicht. An Pastor Bodelschwingh wurde ich noch erinnert, der einmal gefragt wurde, wie er das Elend bei all den vielen Kranken und Sterbenden in Bethel aushielte. Er antwortete darauf: „Ich halte das nicht aus. Jedes Leid zieht mich in die Traurigkeit hinunter. Aber ich weiß: Gott hält mich in seiner Liebe und er hält auch die mir anvertrauten Menschen. Gerade in der Not kommt er mir ganz nahe. Wir dürfen weinen. Christus gibt uns das Recht dazu. Aber es ist gut, in der Gemeinschaft mit anderen Christen Gott unsere Tränen zu bringen. Es ist eine starke Ermutigung unseres Herrn, dass er uns zuruft: Lasst eure Tränen in der Nähe des lebendigen Christus fließen."

Eine Überraschung

Ich war in großer Sorge. Unser erster Urenkel war nun fast schon ein Jahr alt und noch immer zeigte sich kein kleines weißes Spitzchen in seinem Mund. Meine Kinder haben schon viel früher ihre ersten Zähnchen bekommen. Was ist bloß mit Jonathan los? Ich dachte schon, dass irgendein Schaden vorliegen könnte, obwohl er ein fröhliches, lustiges Kerlchen ist. Ihm schmeckt alles, ganz gleich ob er ein Wurstbrot isst oder Frikadellen mit Möhrengemüse und Kartoffeln. Kräftig kaut er an seiner Mahlzeit und sein Tellerchen ist fast immer bald leer. Und dann stellten sich prompt zum ersten Geburtstag gleich zwei Beißerchen ein. Auch Christine war glücklich, als sie beim Füttern ihres Sohnes plötzlich durch ein leichtes Klimpern überrascht wurde. Ich musste denken: „Jonathan, du weißt genau, wie du deine Eltern am ersten Jahrestag deines Lebens beglücken kannst. Sonst ist es meist bei den ersten Zähnen schwierig. Die Säuglinge können nachts oft nicht gut schlafen, schreien vor Schmerzen, sodass die Mutter nur wenig Ruhe in der

Nacht findet. Heimlich, still und leise hast du kleiner Schatz deinen Eltern ein wunderschönes Geschenk gemacht und dazu gleich zwei Zähne auf einmal gezeigt. Lieber Joni, auch mir hast du dadurch meine Angst um dich genommen. Beim nächsten Besuch werde ich dir eine dicke rote Wurst und ein Stück Schinken mitbringen. Das soll deine Belohnung werden.

Und während ich diese kleine Geschichte niederschreibe, werde ich an ein Gedicht von Matthias Claudius erinnert. So dichtete er:

Viktoria! Viktoria!
Der kleine weiße Zahn ist da!
Du Mutter! Komm, und groß und klein
Im Hause! Kommt und guckt hinein
und seht den hellen weißen Schein!

Der Zahn soll Alexander heißen.
Du liebes Kind! Gott halt ihn dir gesund
und geb dir Zähne mehr in deinem
kleinen Mund
und immer was dafür zu beißen!

Der Friede Gottes sei mit euch!

Eine Bibelarbeit zu Matthäus 15,21-28

„Und Jesus ging weg von dort und zog sich zurück in die Gegend von Tyrus und Sidon.

Und siehe, eine kanaanäische Frau kam aus diesem Gebiet und schrie: Ach Herr, du Sohn Davids, erbarme dich meiner! Meine Tochter wird von einem bösen Geist übel geplagt.

Und er antwortete ihr kein Wort. Da traten seine Jünger zu ihm, baten ihn und sprachen: Lass sie doch gehen, denn sie schreit uns nach. Er antwortete aber und sprach: Ich bin nur gesandt zu den verlorenen Schafen des Hauses Israel.

Sie aber kam und fiel vor ihm nieder und sprach: Herr, hilf mir!

Aber er antwortete und sprach: Es ist nicht recht, dass man den Kindern ihr Brot nehme und werfe es vor die Hunde.

Sie sprach: Ja, Herr; aber doch fressen die Hunde von den Brosamen, die vom Tisch ihrer Herren fallen.

Da antwortete Jesus und sprach zu ihr: Frau, dein Glaube ist groß. Dir geschehe, wie du willst! Und ihre Tochter wurde gesund zu derselben Stunde."

Dies sind ergreifende Verse. Wer schon einmal ein Sorgenkind wie diese kanaanäische Mutter in der Familie hatte, wird diesen Bibeltext mit großer Freude lesen. Gerade der letzte Satz aus dem Mund des Evangelisten macht dies deutlich: Und ihre Tochter wurde gesund zu derselben Stunde. Alle Eltern sind froh, wenn z. B. das Fieber in Krankheitsnot wieder normal wird und die Kinder das Bett verlassen können. Krankheit wird oft als eine schwere Bedrohung empfunden. Auch in unseren christlichen Gemeinden gibt es viele Sorgenkinder. Ich kenne dies aber auch aus eigenem Erleben. Unsere beiden ersten Lieblinge bekamen Keuchhusten. Damals wusste ich nicht, dass die Kinder eine vorsorgende Impfung gegen Keuchhusten hätten erhalten können. Ich war gerade in den großen Ferien allein zu Hause, denn mein Mann war für zwei Wochen eingeladen worden, eine Jugendfreizeit in Österreich zu halten. Dort oben in der Hütte gab es kein Telefon, um ihn in meiner

Not erreichen zu können. Hinzu kam noch bei unserer Tochter eine schwere Lungenentzündung. Fast wären mir meine beiden Kleinen unter den Händen gestorben, so schlimm hatte sie dieser schreckliche Husten erwischt. Meine Angst wuchs von Tag zu Tag und ich habe in diesen langen schlaflosen Nächten wie diese Frau in unserem Text gerufen: „O Gott, erhalte mir meine Kinder! Lass sie nicht ersticken. Zeig du jetzt deine Macht!"

Nicht nur einmal am Tag habe ich diesen Ruf zum Himmel geschickt. Und der Herr schenkte mir sein Erbarmen. Aber ein Vierteljahr musste ich um meine kleinen Schätzchen bangen, bis die Gefahr ganz vorüber war.

Oder ich denke an eine Mutter, die mich vor ein paar Tagen unter Tränen bat: „Bitte, Frau Bormuth, helfen Sie mir! Mein Sohn ist 16 Jahre alt und will sich das Leben nehmen. Er hat Schwierigkeiten in der Schule. In Mathematik, Physik und Chemie schreibt er gute Arbeiten, aber die deutsche Sprache macht ihm große Schwierigkeiten. Sie müssen wissen, wir stammen aus der Ukraine und haben in der Familie immer nur

Russisch gesprochen. Er leidet auch unter einem Jungen in der Klasse, der ihn immer beschimpft: ‚Du mit deinen vielen Pickeln im Gesicht wirst nie eine Freundin bekommen.' Bitte, Frau Bormuth, stehen Sie mir bei. Was soll ich bloß tun?"

Ich hängte mich sofort ans Telefon und rief einen mir bekannten Psychiater in der Klinik Hohe Mark in Oberursel an. Leider konnte mir unser Freund nicht helfen, da diese Nervenklinik keine Kinderstation hat. Erst mit 18 Jahren ist eine Aufnahme möglich. Aber es gelang mir doch, für Viktor eine Psychiatrie in der Nähe seiner Heimatstadt zu finden. Darüber war die Mutter erleichtert, als auch ihr Junge bereit war, in eine Therapie zu gehen. Das Wichtigste aber war für die Mutter und auch für mich das gemeinsame Gebet übers Telefon. Schon der Name des Jungen machte mir Mut, denn Viktor heißt Sieger.

Es gibt viele Sorgenkinder in unseren Familien, die uns das Herz schwer machen und uns in Unruhe versetzen. Manchmal treten Charakterzüge in der Pubertät auf, mit denen wir nicht umzugehen wissen. Es gibt Kinder, die lügen, stehlen oder von zu

Hause weglaufen. Wie viele Ängste müssen dann die Eltern durchstehen. Auch berufliches Versagen kann uns Nöte bereiten oder schwierige Freunde, die unsere Schützlinge zu einem gefährlichen Verhalten verführen und ihnen Drogen anbieten. Manchmal sind es auch angehende Lebenspartner, die wir nur schwer bejahen können. Liebe kann unsere Kinder blind machen und sie gefährden. So viele Ehen werden heute geschieden. Das bedrückt mich.

Dieser Bericht aus dem Matthäusevangelium will uns Mut machen, denn unsere Ängste und Sorgen legen sich wie eine schwere Last auf unsere Seele und versetzen uns in eine angespannte Situation.

Hier in unserem Predigttext wird uns von einer leidgeprüften Mutter berichtet, die zu Jesus kommt. Sie ist eine Fremde und dazu noch eine Heidin. Die Spannung, in der sie lebt, kann sie fast nicht mehr ertragen. Ihre Tochter wird von einem bösen Geist geplagt. Das gesteht sie Jesus offen und frei ein. Vielleicht verstehen wir diesen Satz nicht so leicht, er klingt befremdlich in unseren Ohren. Wer aber schon einmal mit Menschen in Berührung gekommen ist, die sich in eine Sekte verirrt haben oder zu Alkoholikern oder Drogenabhängigen geworden sind, wird oft die Erfahrung machen, dass Heilung nicht nur eine Sache des festen Entschlusses ist, sondern diese Menschen lassen sich von Mächten bestimmen, die über sie herrschen.

Ich habe dies mit Simon erlebt. Er hatte eine langwierige Drogentherapie nach einem Jahr erfolgreich beendet und suchte bei uns ein Dach über dem Kopf. Ich hätte diesen jungen Mann nicht wieder wegschicken können, sonst hätte er seinen gerade gefundenen Arbeitsplatz als Wohnungsloser verloren. Ein dreiviertel Jahr lang hatten wir unsere wahre Freude an seinem Ergehen. Er besuchte mit uns die Gottesdienste und ich habe oft ein gutes, hilfreiches, seelsorgerliches Gespräch mit ihm führen können. Aber dann wurde er von einer verderblichen Lust nach Lebensgenuss erfasst, sodass er in seinem Glauben an Jesus ermattete. „Ich will doch auch einmal in die Disco tanzen gehen, will dort ein Bierchen trinken und Kontakt zu einer Freundin aufnehmen. Jetzt bin ich 24 Jahre alt und will selber entscheiden, was für mich gut ist."

Ich konnte ihn mit keinem Wort mehr dazu bewegen, mit uns den sonntäglichen Gottesdienst zu besuchen. Samstags zog er los und feierte bis in den Morgen hinein. Den Sonntag aber verschlief er im Bett und manchmal meldete er sich am Montag krank. Der Rausch betörte ihm die Sinne. Ich ahnte schon das Unheil und warnte ihn, aber meine Worte schlug er jedes Mal in den Wind.

An einem Werktag wollte ich ihm die Post auf sein Zimmer bringen und erschrak maßlos. Diesen Raum – es war mein Arbeitszimmer – hatte er in ein Chaos verwandelt. Viele Bücher waren aus dem Regal gerissen und lagen zerstreut auf dem Fußboden. Drei leere Wodkaflaschen fand ich unter seinem Bett. Auf dem Teppich lagen überall zerrissene Papierseiten. Er muss wohl einen Rückfall in die Sucht erlitten haben und ich konnte ihn nirgends finden. Zwei Stunden später wurde er total betrunken und taumelnd von einem Nachbarn in unser Haus geführt. Er war in seinem Kopf total wirr, sprach sinnloses Zeug und konnte fast nicht mehr laufen. Wir waren entsetzt, packten ihn gemeinsam ins Auto und brachten ihn in eine Klinik auf die Suchtstation. Doch noch während ich mit der Ärztin sprach, entwischte er uns. Wir suchten ihn überall, konnten ihn aber nicht finden. Schließlich informierten wir die Polizei. Erst sehr spät am Abend wurde er versteckt hinter einem Kaufhaus entdeckt und zu uns gebracht. Die Polizei sagte uns Folgendes: „Da die Betten auf der Station alle belegt sind, kann Ihr Mieter erst morgen dort untergebracht werden. Wir geben ihn in Ihre Obhut zurück."

Ich brauche nicht zu erwähnen, dass uns eine unruhige Nacht bevorstand. Ich schloss mich in mein Zimmer ein und stellte das Telefon auf meinen Nachttisch. Ich hatte Angst, dass Simon wieder ausrasten könnte wie am Vormittag. Mir half, dass ich mich unter dem Schutz des Allerhöchsten schlafen legen konnte, und das machte mich mit der Zeit ruhig und getrost.

So ähnlich, und sicher noch schlimmer muss es der Mutter ergangen sein, die wegen ihrer Tochter Jesus angesprochen hatte. Ohnmächtig stand sie neben ihrem Kind und musste mit ansehen, wie sehr die bösen Mächte ihr Spiel mit ihr trieben. Wir wären in unserem Leben übel dran, wüssten wir nicht um die göttliche Kraft, die unsere Hilflosigkeit, Angst und Sorgen durchbricht und uns frohe Gedanken in unser Herz gibt. Es ist der Glaube dieser Mutter, den Jesus mit hohem Respekt anerkennt. Der Herr spricht hier sogar von einem starken Glauben. Was zeichnet diesen Glauben aus und worin besteht seine Macht?

Diese Mutter hielt an Jesus fest. Sie wusste, dass sie in diesem Dilemma allein dem Gottessohn vertrauen konnte. Dies kommt auch in dem Lied „Such, wer da will, ein ander Ziel, die Seligkeit zu finden“ zum Ausdruck. Darin heißt es an einer Stelle: „Weich nicht von mir, mein höchste Zier, hilf mir mein Leiden tragen.“ Die Strophen dieses Liedes geben uns die Gewissheit, dass Jesus uns nie enttäuschen wird, ihm allein gebühren unser Vertrauen und auch das Lob und der Dank. Unser Erlöser gibt uns den festen Halt, an den wir uns klammern können. Aber dazu brauchen wir Mut und Standfestigkeit.

Auch diese Mutter in unserer Geschichte ist uns darin ein Vorbild. Nach damaligem Brauch hätte sie sich nie an einen Mann, noch dazu an einen Fremden, wenden dürfen. Sie ist eine Heidin und weiß um den tiefen Graben, der die Juden von den heidnischen Völkern trennt. Aber ihr Glaube ist mutig. Er überwindet jede Barriere, die sich trennend zwischen sie und Jesus stellen könnte. Verzweifelt schreit sie zu Jesus auf: „Herr, erbarme dich!“ Und sie ruft nicht nur einmal laut, sondern immer wieder bringt sie ihre Klage vor Christus, ihren Retter. Im Griechischen steht das Wort „schreien“ in einer Zeitform, die ein anhaltendes, immer wiederkehrendes Tun ausdrückt. Kräftig muss dieser Schrei in den Ohren Jesu geklungen haben. Es war nicht nur ein wohlgeformtes, liturgisches „Herr Gott, erbarme dich!“, wie wir es in unseren Gottesdiensten über unsere Lippen bringen. Dieser Notschrei klingt beängstigend und verzweifelt. Und Jesus antwortet ihr nicht, sondern er schweigt, so als höre er sie nicht. Den Jüngern geht das Schreien dieser Frau auf die Nerven. Schließlich drängen sie ihren Herrn, die Frau fortzuschicken: „Lass sie einfach gehen, denn sie stellt uns mit ihrem Geschrei in ein schlechtes Licht.“

Doch Jesus gibt sie nicht auf, stellt aber die Verzweifelte auch nicht zufrieden. Er erklärt seinen Jüngern recht deutlich: „Ich bin nur zu den verlorenen Schafen Israels gesandt." Er hat von seinem Vater im Himmel einen klaren Auftrag erhalten. Vor den Juden soll Jesus predigen und ihnen helfen und nicht den Heiden.

Solch eine Antwort hätten auch wir nicht von Jesus erwartet. Luther gibt uns dazu eine klare Antwort: „Nirgends wird Jesus in den Evangelien so hartherzig dargestellt wie hier. Er hat nicht nur die Frau, sondern auch die Jünger vor den Kopf gestoßen." Aber diese Mutter steckt mit ihrer Tochter in einer solchen Ausweglosigkeit, dass sie sich in ihrem Glauben an Christus nicht durch seine ablehnende Haltung abweisen lässt.

Sie schreit penetrant weiter. Auch den gebührenden Abstand Jesus gegenüber wahrt sie nicht, sondern geht ganz dicht an ihn heran, ja, sie fällt ihm sogar zu Füßen. Noch einmal erschüttert ein lauter, schrecklicher Schrei die Gegend: „Herr, hilf mir!" Die negative Antwort Jesu auf ihr verzweifeltes Rufen muss sie schrecklich enttäuscht haben, wenn er sagt: „Das Brot ist für die Kinder in Israel bestimmt und es wäre nicht recht, wenn ich es vor die Hunde werfen würde." Damit bringt Jesus zum Ausdruck, dass seine heilende Kraft rechtmäßig nur den Juden zur Verfügung steht, denn sie sind die Söhne und Töchter des Gottesvolkes. Nicht um die hergelaufenen Heiden soll sich Christus kümmern.

Doch diese Frau lässt sich nicht zurückstoßen und erniedrigen. Auch bei ihrer völligen Abweisung gibt sie nicht auf. Klug ist ihre Antwort. Sie hält Jesus ein äußerst eindrucksvolles Argument entgegen: „Aber doch fressen die Hunde von den Brosamen, die vom Tisch ihrer Herren fallen." Ist das nicht eines der schönsten Worte des Glaubens?

„Aber doch", dürfen auch wir mit lauter Stimme rufen, wenn unser Elend grenzenlos ist und wir überhaupt nicht mehr ein noch aus wissen. Wir müssen nicht aufgeben, wenn wir in tiefen Nöten stecken. Die Siegesmacht Jesu reicht auch für die Heiden aus. Damit stemmt sich diese Mutter allen Widerwärtigkeiten entgegen. Sie ist fest davon überzeugt, dass vor ihr der Heiland der Welt steht, und ihr Beharrungsvermögen wird belohnt. „Frau, dein Glaube ist groß! Dir geschehe, wie du willst!" Und dann passiert vor ihren erstaunten Augen das einzigartige Wunder: Ihre Tochter wird gesund.

So kennt jeder von uns seine Sorgenkinder. Dazu möchte ich noch ein positives Beispiel anführen.

Für einen jungen Mann aus dem wunderschönen Ort Crottendorf im Erzgebirge mit Namen Mirko bete ich nun schon seit über drei Jahren. Er leidet an Leukämie. Die Ärzte hatten ihn schon aufgegeben und er war darüber total verzweifelt. Von Beruf ist er ein hervorragender Trainer und seine Mannschaft ist schon dreimal in der Bundesliga aufgestiegen. Das kam einem Wunder gleich. Er wird von allen seinen Fans, Freunden und Spielern geehrt. Nach seinen Siegen wurde er regelrecht gefeiert. Aber dann geschah dieses schreckliche Ereignis. Er wurde todkrank. Daraufhin haben sich sehr viele Bekannte, Verwandte und Kameraden typisieren lassen. Und so wurde wirklich ein gutes Ergebnis erzielt. Man fand einen Spender für ihn.

Natürlich bangte auch ich immer noch um sein Leben, denn in einem seelsorgerlichen Gespräch hatte er sich mir in seiner Not anvertraut und um ein Gebet gebeten. Er kam ins Krankenhaus nach Dresden und wurde am Rückenmark operiert. Es folgte eine besonders schwere Zeit für ihn, denn er lebte in einer fast völligen Isolation. Dorthin habe ich ihm einen ermutigenden Brief geschrieben. Später hat er mir erzählt, dass er in dieser Zeit voller Angst und Ungewissheit mehr als einmal meine Zeilen gelesen habe. Er war kurz vor seiner Erkrankung zum Glauben an Jesus gekommen und die Bibel war ihm zum Trost in diesen schlimmen Tagen geworden.

Mirko hat überlebt und es geht ihm nun schon recht gut. So darf auch ich viel Hoffnung für ihn haben. Jeder Tag ist für ihn ein Geschenk und nun hat er schon drei Jahre gut überstanden.

Diese Geschichte aus dem Matthäusevangelium macht auch mir Mut. Die Kräfte des Glaubens sollen auch in mir durch dieses Evangelium neu entfacht werden. Jesus kann den Teufelskreis, in den wir manchmal hineingezogen werden, durchbrechen. Ich darf es immer wieder neu wagen, zu Jesus zu rufen und auch laut zu schreien, wenn mein Herz keinen Ausweg mehr weiß. Meiner Tränen und Ängste brauche ich mich nicht zu schämen. Auch wenn mein Beten und Handeln nicht immer sofort vom Erfolg begleitet sind, darf ich am Dennoch des

Glaubens festhalten und mit dem Sieg Jesu rechnen.

Jeder braucht ein Lob

Heute erhielt ich einen Brief von einer noch jüngeren Frau. Darin bedankte sie sich herzlich für ein Buch von mir, das sie geschenkt bekommen hatte. Gleichzeitig wollte sie wissen, ob ich denn noch mehr Bücher auf den Markt gebracht hätte. Ich rief sie an und bejahte diese Frage. Mir war es auch wichtig, mich für ihre lieben Zeilen zu bedanken. Nichts ist für eine Autorin bedeutsamer, als zu wissen, dass sie mit ihrem Lesestoff die Herzen der Menschen erreicht.

„Ja, Frau Bormuth, da hat Gott Ihnen eine Gabe geschenkt, die auch mir hilft, meinen Alltag zu bewältigen. Sie packen das Wort Gottes in spannende Geschichten ein, die genau auch meine Situation betreffen. Vielen Dank!"

Und dann erzählte mir Frau Wagner von ihrem Kummer: „Ich hatte eine sehr angenehme, vertrauensvolle Arbeit an unserer Sparkasse. Mit den Kollegen und Kolleginnen habe ich mich recht gut verstanden. Auch mein Chef war mit mir zufrieden und sprach mir ab und an ein Lob aus. Das erfreute mein Herz. Morgens bin ich immer gern mit dem Auto zu meiner Arbeitsstelle gefahren und mein Leben sah sehr hoffnungsvoll aus. Auch über meinen Verdienst war ich glücklich. Nach dem Tod meiner Mutter schuf ich mir ein eigenes Zuhause und fand auch in unserer christlichen Gemeinde ein warmes Nest.

Aber dann kam ein Tag, der mir alle Träume von einem schönen Leben zerstörte. Morgens war ich noch voller Elan zur Bank gefahren und schon gegen Mittag fand ich mich auf der Intensivstation eines Krankenhauses wieder. Ganz plötzlich war ich zusammengebrochen und hatte einen Krampfanfall erlitten. Die Diagnose der Ärzte war mir wie ein Schlag ins Gesicht. Epileptische Anfälle wurden bei mir festgestellt. Ich kannte diese Erkrankung bei anderen Menschen, aber ich hätte nie gedacht, dass ich davon betroffen sein könnte.

Ich wurde in eine Spezialklinik überwiesen und nun mit verschiedenen Medikamenten behandelt. Es gelang den Medizinern, mich von solchen Anfällen fast ganz zu befreien. Nur ab und an überfielen sie mich wieder. Was mir am meisten zu schaffen machte, war der Verlust meines Arbeitsplatzes. Außerdem durfte ich nicht mehr Auto fahren. Ich verkaufte sofort meinen Volkswagen, um ja nicht in Versuchung zu kommen, mich wieder ans Steuer zu setzen. Aber diese Einschränkungen, die ich nun hinnehmen musste, betrübten mich und mein hoffnungsvolles Dasein war mir zerstört. Auch der Kontakt zu meinen Kolleginnen flaute langsam ab.

Außerdem wurde schon bald danach eine neue Plage entdeckt. Meine Nieren versagten mir ihren Dienst. Ich musste an die Dialyse angeschlossen werden, und das gleich zweimal in der Woche. Schon mit 43 Jahren wurde ich Frührentnerin. In dieser Zeit bedrohten mich manche Anfechtungen und auf viele Fragen wusste ich keine Antwort. Was mir in dieser Zeit half, war der Beistand von gläubigen Menschen in der christlichen Gemeinde. Auch meine Freunde standen mir bei und besuchten mich. Zum Einkaufen holten sie mich gerne mit ihrem Auto am Samstag ab. Ich erinnere mich noch gut an den Tag, an dem ich bei meiner täglichen Bibellese den Vers las: ‚Anfechtung lehrt aufs Wort merken.' Mir wurde bewusst, wo mir in meinen Nöten geholfen werden könnte. Je intensiver ich meine Bibel las, desto mehr Freude bereitete mir meine ‚Stille Zeit' am Morgen. In der Bibel redet Gott mit uns wie ein Mensch mit seinem Freund. Sie gibt neuen Mut zum Leben, Gewissheit im Glauben und Hoffnung auf die Ewigkeit.

In dieser Zeit entdeckte ich nicht nur das Alte und Neue Testament, sondern gewann Freude an bedeutenden christlichen Schriftstellern, deren Biografien ich regelrecht verschlungen habe. Das Leben von Pastor Bodelschwingh mit all seinen schweren Führungen gab mir viel Trost. Jedes Mal, wenn ich zur Dialyse gehen musste, steckte ich mir ein Buch in meine Tasche. Diese Behandlung dauerte ja oft Stunden und durch das Lesen gewann ich Einblicke in die Nöte von anderen Menschen und erlebte die Stärkung meines Glaubens. Ich las aber auch gern humorvolle Geschichten, die mir ein Lachen in mein Gesicht zauberten. Aus diesem Grunde liebe ich auch Ihre Bücher, liebe Frau Bormuth, denn sie enthalten beides: Trostvolles und Ermutigendes, manchmal sogar Lustiges. Bitte suchen Sie mir Ihre neuesten Werke aus und schicken Sie sie mir zu. Ich hätte gerne etwa fünfzehn Bücher. Sie werden mir helfen, gerne den Weg zur Dialyse zu gehen, denn dort vertreibt mir das Lesen die Langeweile. Bitte, Frau Bormuth, schreiben Sie weiter. Ich danke Gott für Ihre wunderbare Gabe, die er Ihnen geschenkt hat, und mache sie mir zunutze."

Dieser Anruf hat mich tief beglückt und zugleich demütig gemacht, denn an manchen Tagen wollte mir das Schreiben zu mühselig werden. Aber solche Gespräche wie das mit Frau Wagner haben mir neuen Mut gegeben. Ich merke, wie mich der Zuspruch meiner Leser froh macht. So möge mir Gott herrliche Erlebnisse in meinem Dasein schenken, zugleich aber auch herausfordernde, die meine Gedanken beschäftigen.

Eine Kindheit und Flucht aus Hinterpommern

Frau Frerichs berichtet:

Welch glückliche Zeit verlebte ich bis zum 14. Lebensjahr in meiner Heimat in Hinterpommern. In Schneidemühl-Bergenhorst war mein Zuhause. Hier bin ich bei meinen Eltern und mit vier Geschwistern groß geworden. In einem kleinen Siedlungshaus verbrachte ich meine Kindheit. Dann aber gegen Ende 1944 und Anfang 1945 rückte die russische Front immer näher. Mein Vater und mein ältester Bruder waren im Kriegseinsatz. Der Januar zog ins Land mit viel Schnee und starkem Frost. Das Thermometer zeigte minus 20 Grad an. Auf den Straßen bewegten sich die nicht enden wollenden Trecks. Nur mühsam kamen sie voran. Den Pferden merkte man schon die gefährliche und äußerst beschwerliche Reise an. Uns in Hinterpommern war es noch nicht erlaubt, uns für die Flucht zu rüsten.

Und doch fragten wir uns sorgenvoll, ob wir nicht auch unsere Heimat verlassen müssten.

Ein dumpfes Gefühl überfiel meine Mutter, als das Dröhnen der Panzer und Kanonenschüsse schon ganz dicht zu hören war. Heimlich verließen schon manche Menschen unseren Ort und fuhren westwärts zu Verwandten und Freunden, obwohl das verboten war. Meine Mutter aber traute sich nicht, sich dem Befehl des Gauleiters zu widersetzen. Erst am Morgen des 25. Januar 1945 erging die Aufforderung an uns, dass Frauen mit Kindern und Alte sich auf die Flucht begeben sollten. Meine Mutter war zunächst ratlos, denn eine ihrer Töchter war in einer anderen Stadt als Kindergärtnerin eingesetzt. Sie hatte Angst, dass wir von ihr getrennt würden, und wollte erst mal warten. Aber die Zeit drängte. So fing sie an, das Nötigste zusammenzupacken. Wir Kinder mussten gleich mehrere Hemden, Hosen, Strümpfe und Pullover übereinander anziehen. Dann wurde alles auf den Schlitten geladen und wir zogen los. Aber zuvor verschwand Mutter noch einmal im Stall und warf den Tieren viel Futter vor. Ihr Herz muss ihr wohl geblutet haben, als sie sich nun von ihren geliebten Kühen, Schweinen, Hühnern und Gänsen trennte.

Die größte Not bereitete ihr die Sorge um ihre Tochter. Würden wir sie aus den Augen verlieren? Wir wollten doch unbedingt zusammenbleiben. Aber plötzlich kam uns auf der Straße eine Gestalt entgegen. Es war unsere Schwester. Meiner Mutter fiel ein Stein vom Herzen; denn alle Kindergärten und Schulen waren plötzlich geschlossen worden.

Wir zogen den Schlitten in Richtung Bahnhof, der abgelegen ein paar Kilometer von uns entfernt lag. Von allen Seiten strömten die Menschen in die gleiche Richtung. Schrecklich lang war unser Weg und mühsam dazu. Erst am Nachmittag gegen 16 Uhr gelangten wir auf den Bahnsteig. Völlig durchgefroren und müde warteten wir auf unsere Abfahrt. Obwohl mehrere Züge sich in Bewegung setzten, schien die Menschenmenge nicht abzunehmen, weil aus allen Richtungen neue Flüchtlinge aus den Dörfern herbeieilten. Jeder drängte sich in die Waggons und es entstand ein richtiger Wettstreit darum, wer noch einen Platz ergattern konnte.

Schneidemühl geriet in große Gefahr,

von der russischen Armee überrannt zu werden. In den letzten Zug drängten sich alle, die noch übrig geblieben waren, weil jeder unbedingt den Sowjets entkommen wollte. Unsere Familie hatte erhebliche Mühe, zusammenzubleiben, aber es gelang uns. Mit 18 Personen bevölkerten wir ein Abteil. Dazu kam noch ein Kinderwagen mit einem Baby, der aber im Gang stehen musste. Die Menge des Gepäcks erdrückte uns fast. Und doch überwog die Freude, dass wir es geschafft hatten zu fliehen.

Ich erinnere mich noch, dass es uns nicht gelang, bis zur Toilette durchzukommen. Da zog meine Mutter einen Pappbecher aus dem Rucksack und reichte ihn ihren Kindern. Für die Buben war das kein Problem, aber wir Mädchen schämten uns doch sehr. Anschließend wurde dann der Inhalt durch das geöffnete Fenster ausgeschüttet.

Zwei Tage brachten wir in der Enge zu. Auch der Säugling war sehr unruhig und weinte oft laut. Sein kräftiges Geschrei drang durch den Wagen. Unser Glück lag darin, dass uns warme Getränke ausgeteilt wurden, wenn der Zug auf einem Bahnhof halten musste. Das Rote Kreuz hat wunderbare

Arbeit auf den Bahnsteigen geleistet. Auch Butterbrote wurden für uns gestrichen. So wurden unser Hunger und Durst gestillt.

Aber es passierten auch schreckliche Dinge. In einem Nebenabteil gab es einen furchtbaren Zwischenfall. Ein Säugling erstickte, weil die Mutter ihn wegen der strengen Kälte mit zu vielen Kissen zugedeckt hatte.

Erst nach zwei Tagen erreichten wir den Ort Bahn in Hinterpommern, etwa 18 Kilometer östlich der Oder. Dort durften wir aussteigen und es wurden uns Privatquartiere zur Verfügung gestellt. Wir übernachteten mit noch einer anderen Familie bei einem Bauern mit Namen Krüger. Hier konnten wir zunächst tief durchatmen und uns die Füße vertreten. So vergrößerte sich unser Trupp, mit dem wir uns gut verstanden. Später erfuhren wir, dass unser Zug der letzte war, der den kämpfenden russischen Soldaten unbeschadet entkommen war. Uns kam das einem Wunder gleich. Der Zug nach uns war unter schrecklichen Beschuss des Feindes gekommen und meine Cousine hatte dabei den Tod gefunden.

Leider konnten wir nur eine Woche in Bahn bleiben, denn die Front rückte immer näher. Detonationen und gefährliche Schießereien machten uns Angst, und wenn es Bombenalarm gab, flüchteten wir schnell in den Keller. Eilig verließen wir dann den Ort, denn noch immer bedrängte uns die Furcht, von den Russen eingeholt zu werden. In großer Hetze packten wir unsere wenigen Sachen und Bauer Krüger stellte einen Treck mit seinen Pferden zusammen. Es hieß, dass die Russen schon ganz in unserer Nähe wären und einen Angriff auf unser Dorf planten. Bei einbrechender Dunkelheit versuchten wir, schnellstens voranzukommen. Auch Autos sollten für unsere Flucht zusätzlich bereitgestellt werden, aber das sollte sich als ein Trugschluss herausstellen. Stundenlang standen wir auf einem Marktplatz und froren mächtig, nur um dann festzustellen, dass wir vergeblich warteten. Schließlich wurde uns mitgeteilt, dass die Autos unter starken Beschuss geraten seien und nicht mehr zu uns durchkämen. Wir suchten Zuflucht in einer Schule, in der man auf dem Fußboden Stroh verteilt hatte. Eine angenehme Wärme empfing uns, denn die Öfen waren angeheizt worden. Die Jungs schliefen schnell ein, aber uns Frauen und jungen Mädchen überkam die Angst, dass wir von den russischen Soldaten vergewaltigt werden könnten.

Gegen Morgen kam das Gerücht auf, dass doch noch ein Zug fahren würde. Aber jeder müsste die Verantwortung für sein Leben selbst tragen. Keiner wusste so recht, wie wir weiterkommen sollten. Meine Familie beschloss, in den Zug zu steigen, und das erwies sich als die beste Entscheidung, wie sich später herausstellte. Wir weckten schnell die Buben aus dem Schlaf, nahmen unsere Bündel und los ging es in die Nacht. Nie mehr werde ich den Teil der Flucht vergessen, denn durch Matsch, Schnee und Dreck mussten wir im Dunkeln den Weg zum Bahnhof finden. Vor allen Dingen war es die Angst vor den Russen, die uns stark zusetzte. Wir fürchteten uns auch davor, in die Irre zu gehen, denn der Bahnhof befand sich außerhalb des Ortes. Aber in unserer größten Not erkannten wir in der Ferne die Umrisse einer Lok. Diesmal war der Zug nicht überbevölkert und jeder konnte sich in die Polster zurücklehnen und ein wenig einnicken. So konnten wir unsere Reise aus dem gefährdeten Gebiet in eine sichere Zone fortsetzen. Noch heute danke ich Gott für die wunderbare Bewahrung und werde diesen Fluchtabschnitt nie mehr vergessen. Ich kann mich noch an alle Einzelheiten erinnern.

Schließlich erreichten wir mit unseren abenteuerlichen Fahrten in Güterzügen, Militärautos und Pferdewagen Schwerin in Mecklenburg. Ich wundere mich noch heute, wie gut Gott für uns sorgte und wir immer wieder genug zu essen bekamen. Mein Bruder Hans erlebte seinen zehnten Geburtstag auf einem Schloss mit dem Geschenk einer kräftigen Erbsensuppe. Unsere Flucht glich einem richtigen Zigeunerleben, aber wir fühlten uns von Gott geleitet und wurden ja auch vor vielen Gefahren bewahrt.

Gewiss gab es auch Schreckliches, das uns vor Augen kam und das ich nie mehr vergessen werde. Auf einem Bahnsteig liefen gleich mehrere Kinder herum, die ihre Mütter verloren hatten. Vom Roten Kreuz erfuhr ich, dass manche von ihnen ihre Eltern nie mehr fanden und später in Waisenhäusern untergebracht wurden. An manchen Bahndämmen lagen die Leichen von Menschen, die die Strapazen einer solch gefährlichen Flucht nicht überlebt hatten. Diese Bilder verliert man nie mehr aus seinem Gedächtnis und ich war froh, wenn es schneite und der Schnee die Toten überdeckte.

In Schwerin trafen wir auch mit anderen Verwandten zusammen und suchten uns bei der Bevölkerung Privatquartiere. Hier erlebten wir auch das Kriegsende und durften wieder mit unserem Vater zusammenfinden, als er aus der Gefangenschaft entlassen worden war. Das war ein Glücksmoment, über den ich heute noch staune. Lange glaubten wir, wir könnten zurück in unsere Heimat kommen. Aber diese Sehnsucht hat sich nicht erfüllt. Meine Eltern beschlossen schließlich, westwärts weiterzufahren, und fanden im Oldenburger Land ein neues Zuhause. Später siedelten wir nach Süddeutschland über. Aber meine Heimat bleibt mir im Herzen wach und ich erinnere mich an all das Gute und Schöne, was uns dadurch für eine gewisse Zeit geschenkt war.

Über all dem Unverständlichen, Schweren und Unbegreiflichen steht das Wort aus dem Hebräerbrief: „Wir haben hier keine bleibende Stadt, sondern die zukünftige suchen wir."

Und Friedrich von Bodelschwingh hat uns

einen tröstenden Ausspruch hinterlassen: „Wo der Himmel über uns geöffnet ist, wird auch die Fremde zur Heimat.“

Die Katastrophe auf der Autobahn

Es ist schrecklich, wenn in den Nachrichten bedrohliche Ereignisse bekannt gemacht werden. Sie erschüttern uns noch stärker, wenn diese Meldungen gleich mehrmals über die Sender laufen. Kurz nach Weihnachten war dies auf der Autobahn bei Paderborn geschehen. Ein Toter und über sechzig zum Teil Schwerverletzte waren die Folgen des Unglücks. 24 Fahrzeuge waren ineinandergefahren. Der Grund dafür war eine Nebelwand, die wie aus dem Nichts aufgetaucht war und zu dieser Massenkarambolage führte, bei der ein 79-jähriger Mann getötet wurde. Polizei, Feuerwehr, Krankenwagen und Notfallseelsorger eilten sofort herbei, um zu helfen. Ihnen bot sich ein Bild des Grauens. Die Verletzten wurden sofort in die umliegenden Krankenhäuser gebracht.

Noch am selben Nachmittag rief mich eine Dame aus Paderborn an. Sie war über dieses Unglück entsetzt und wollte sich den Schmerz von der Seele reden. Völlig aufgelöst erzählte sie mir, dass auch ihr Neffe, der zu den Johannitern gehört, sofort zur Unfallstelle beordert wurde, um Verletzte aus ihren zertrümmerten Wracks zu bergen. Auch die Männer und Frauen, die zum Rettungsdienst herbeigerufen waren, brauchten nach ihrem Einsatz das Gespräch mit den Notfallseelsorgern, denn die Eindrücke legten sich schwer auf ihr Gemüt.

Meine Anruferin war auch sehr aufgeregt und verstört. Ihr Neffe hatte sie über die erschreckenden Erlebnisse informiert. Hier konnte nur noch Gott trösten und die Verzweifelten aufrichten.

Frau Gärtner (der Name ist geändert) erzählte mir, dass sie zu Weihnachten mein Buch „Kerzenduft und Tannengrün" geschenkt bekommen und es auch gleich gelesen habe. Spannend sei diese Lektüre und die Geschichten, von denen ich berichtete, seien ihr sehr zu Herzen gegangen. So hat sie den Mut gefunden, mich anzurufen, da meine Aderesse auf der letzten Seite des Buches angegeben war. Sie brauchte einen Menschen, mit dem sie jetzt reden konnte, denn die Bedrückung, die sie durch die Nachrichten erhalten hatte, legte sich auf ihre Seele.

Ich versuchte sie zu trösten: „Hier hilft nur noch Beten“, erklärte ich ihr. „Diese Nöte können wir nicht selbst verarbeiten, aber wir wollen sie Christus bringen. Er hat uns versprochen, zu trösten, wie einen seine Mutter tröstet. Übrigens ist dies auch die Jahreslosung für das neue Jahr 2016.“

„Ja“, pflichtete sie mir bei, „ich werde jetzt gleich eine Kerze anzünden und mich innerlich sammeln und dann für alle Traurigen und Verletzten zu Gott rufen. Er möge ihnen seine Liebe neu zuteilwerden lassen und ihnen Trost geben.“

„Das will ich auch gleich tun“, bekräftigte ich ihre Aussage und faltete meine Hände, nachdem der Hörer aufgelegt war. Dann suchte ich nach einem Wort, das mich durch meine Tage der Fürbitte geleiten sollte. Ich fand es in Psalm 10,17: „Das Verlangen der Elenden hörst du, Herr; du machst ihr Herz wieder gewiss und dein Ohr merkt darauf.“

Einige Tage später erhielt ich eine wunderschöne Ansichtskarte, die mir Grüße aus Paderborn übermittelte. Darauf war das

Schloss Neuhaus abgebildet. Frau Gärtner schrieb mir Folgendes:

> Liebe Frau Bormuth,
> Ihre lieben Zeilen aus dem Buch „Kerzenduft und Tannengrün" haben mich verzaubert. Ich habe das Buch gleich von Anfang bis Schluss durchgelesen.
> Herzliche Grüße, Ihre Frau Gärtner.

Sie berichtete mir auch, dass ihr das Gespräch mit mir entscheidend geholfen habe. Sie sei über dieser Tragödie auf der Autobahn wieder zur Ruhe gekommen und hoffe nun, dass allen Verletzten in den Krankenhäusern geholfen werden könne. Noch am gleichen Tag schenkte ich ihr ein neues Buch von mir und schrieb ihr als Widmung hinein:

„Weil du in Gottes Augen so wertvoll geachtet bist, sollst du auch wunderbar sein; denn ich habe dich lieb, spricht der Herr. Darum fürchte dich nicht!"

Benjamin wird geboren

Es war schon eine Tragik, dass Familie Martin, so will ich sie hier nennen, Jahr um Jahr vergeblich auf Nachwuchs wartete. Ihre Sehnsucht erfüllte sich nicht. So zogen acht Jahre ins Land und nicht nur das junge Paar war traurig, sondern auch die Verwandtschaft. In ihrer Not rief mich die Mutter von Frau Martin an und klagte mir ihr Leid. Ich versuchte sie zu trösten, dass wir es mit einem innigen Gebet versuchen sollten, ob Gott nicht dem jungen Ehepaar ein kleines, süßes Menschlein anvertrauen könnte. Ich würde mich auch gerne in diese Gebetskette mit einreihen, heißt es doch in Matthäus 7,7: „Bittet, so wird euch gegeben, suchet, so werdet ihr finden."

Sollte dieser Kinderwunsch aber von Gott nicht erhört werden, dann bestünde noch die Möglichkeit, einen kleinen Jungen oder Mädchen zu adoptieren. Denn ich weiß um manch ein Baby, das ein gutes Zuhause und liebevolle Eltern brauchte. Natürlich sind mir die Belastungen bewusst, die sich auf eine junge Ehe legen können, wenn die

Entwicklung und Erziehung sich als schwierig erweist. Aber noch immer gilt Jesu Wort: „Wer ein solches Kind aufnimmt in meinem Namen, der nimmt mich auf" (Matthäus 18,5). Dies ist ein besonderer Segensspruch, der über einem solch angenommenen Kind stehen darf und Hoffnung vermittelt. Dann gebe ich noch zu bedenken, dass eigene Kinder auch nicht immer ohne Probleme und Kümmernisse heranwachsen. Da hilft nur noch Beten. Aus diesem Grunde nehme ich mir jeden Morgen viel Zeit, um für meine fünf Kinder, fünf Schwiegerkinder, 17 Enkel und einen Urenkel die Hände zu Gott zu erheben. Meist ahne ich nur, was sie brauchen, manchmal erfahre ich auch ihre Wünsche und kenne auch ihre Bedürfnisse. Wir hatten mehrere Fahrradunfälle in der Familie. Da wurden wir als Großeltern sofort informiert und freuten uns mit, wenn die Krankenhausaufenthalte zur Genesung führten. Meine Enkel nennen mir auch das Datum ihre Examina, für die die Oma beten soll, ihre Suche nach einer Studentenbude, ihre Führerscheinprüfungen und ihr Bemühen um einen geeigneten Arbeitsplatz.

In Bezug auf Kinder sind Großeltern nicht

wegzudenken. Sie sind wahre Stützen. Aber auch das Trösten gehört zu meinen Aufgaben. So weiß ich um Beziehungen, die sogar zu Verlobungen geführt haben und dann doch wieder zerbrachen. Hineinreden in solch ein Scheitern ist meist unerwünscht, aber das stille Falten der Hände kann die Traurigkeit wieder in Segen verwandeln.

Aber nun will ich wieder auf Familie Martin zu sprechen kommen. In mir hat die junge Ehefrau einen Bündnispartner für ihre Not gefunden, obwohl sie darum gar nicht wusste. Fast zwei Jahre vergingen, ohne dass sich das Blatt zum Guten gewendet hätte. Aber dann kam ein Tag, der in mir Hoffnung aufbrechen ließ. „Stellen Sie sich vor", sagte mir die angehende Großmutter, „meine Tochter ist schwanger." Ein Baby war unterwegs. Dazu hatte ein Unfall beigetragen. Der Ehemann war verunglückt und musste operiert werden. Im Krankenhaus entdeckten die Ärzte dann den Grund für den unerfüllten Kinderwunsch. Ein kleiner Eingriff wurde vorgenommen und nur drei Monate später, mitten im Urlaub, stellte sich der Kindersegen ein. Die Erwartung war groß und Beharrlichkeit war vonnöten, denn der neue Erdenbürger ließ seine Eltern eine ganze Woche über den errechneten Termin warten. Dann aber erfuhr ich die Nachricht: „Benjamin ist geboren! Frau Bormuth, wir sind Großeltern geworden. 58 Zentimeter ist unser Enkel groß und über 8 Pfund schwer. Ein richtiger Prachtkerl! Gewiss es dauerte lange, bis Benjamin ins Leben schlüpfte, und der jungen Mutter erging es wie Rahel in der Bibel. In 1. Mose 35,17 heißt es: ‚Da ihr die Geburt so schwer wurde, sagte die Wehmutter zu Rahel: Fürchte dich nicht, denn diesen Sohn wirst du zur Welt bringen.'" Genau so geschah es auch im Januar 2016. Die Freude war gewaltig, dass nun auch ein Benjamin wie bei Rahel das Licht der Welt erblickt hatte.

Solch einen großen Gott haben wir, der sich über unser Rufen und Beten freut und uns dann noch die Erfüllung unserer innigsten Wünsche schenkt. Mir blieb nur der Dank für den kleinen Benjamin, dem die Großmutter sicher erzählen wird, wie oft sie für ihn die Hände gefaltet hat.

Eine besondere Trauerfeier

In einer der schönsten und größten Kirchen fand heute die Beerdigungsfeier für unseren Altbundeskanzler Helmut Schmidt statt. Er hatte vor seinem Tod alle Rituale selbst festgelegt, wie dieses Gedenken an ihn gestaltet werden sollte. 96 Jahre ist er alt geworden. Ausdrücklich bestand er darauf, dass diese Trauerfeier in Hamburg und nicht in Berlin stattfinden sollte; denn mit dieser Stadt fühlte er sich tief verbunden. In einem Reihenhaus hat er mit seiner Frau Loki viele Jahre gewohnt.

Seine größte Tat vollbrachte Helmut Schmidt, als 1962 eine Sturmflut über Hamburg hereinbrach. Die Deiche hatten der Macht des Meeres nicht widerstehen können und waren gebrochen. Große Teile Hamburgs wurden überschwemmt. Die Menschen flüchteten vor dem Wasser auf die Dächer der Häuser und harrten bei heftigem Wind und großer Kälte aus, bis endlich Rettung kam. Helmut Schmidt war zu der Zeit Polizeipräsident der Hansestadt. In einem Hubschrauber flog er über das überschwemmte Gebiet und erfasste sofort das ganze Ausmaß dieses schrecklichen Geschehens. So ordnete er an, dass neben anderen Hilfskräften auch die Bundeswehr eingesetzt werden sollte. Eigentlich war eine solche Anordnung im Grundgesetz verboten, aber der Polizeipräsident war der Meinung, dass besondere schlimme Katastrophen auch besondere Maßnahmen erforderlich machten. So konnten viele Menschen vor dem Ertrinken gerettet werden und die Bevölkerung hat ihm sein tatkräftiges Handeln zeit seines Lebens gedankt.

Tausende von Bürgern dieser Stadt gaben nun ihrem ehemaligen Retter Helmut Schmidt die Ehre und säumten die Straßen auf dem Weg zum Friedhof. Zur Trauerfeier waren etwa 1500 Menschen geladen. Blumen über Blumen schmückten das Gotteshaus, in dem der Sarg aufgebahrt und mit der deutschen Fahne bedeckt war. Mehrere Redner betraten das Pult und hielten ihre Ansprachen, so der Oberbürgermeister Scholz, die Bundeskanzlerin Angela Merkel und sein Freund Henry Kissinger, der extra aus Amerika angereist war. Mit ihm, dem ehemaligen

Außenminister der USA, verband ihn eine langjährige, innige Freundschaft.

Helmut Schmidt liebte die Musik und war selbst ein großartiger Pianist. So umrahmten vor allem Stücke seiner Lieblingskomponisten Johann Sebastian Bach und Joseph Haydn die Feier. Auch mehrere Chöre waren anwesend.

Außerdem wurde auf seinen Wunsch das Lied von Matthias Claudius gesungen „Der Mond ist aufgegangen". Was mag ihn wohl bewogen haben, sich gerade dieses Lied zu wünschen? Noch nie zuvor habe ich es bei einer Gedenkfeier gehört. Mich hat diese Frage bewegt und so will ich auf diesen christlichen Liederdichter ein wenig eingehen.

In Zeiten der Not und Traurigkeit gewinnt gerade ein solch tröstendes Lied an Bedeutung. Diese Erfahrung machte auch Matthias Claudius. Von Beruf war er Jurist, nachdem er das Theologiestudium aufgegeben und sich dem Studium der Rechtswissenschaften gewidmet hatte. Er wirkte als Überlandeskommissar in Darmstadt und als Revisor der Schleswig-Holsteinischen Bank in Altona. Als ihn ein gefährliches Lungenleiden überfiel und er sogar Blut spucken musste, rechnete er mit seinem baldigen Tod. So brach er mit seinem bisherigen Beruf und gab Gott das Versprechen, dass er nur für ihn leben und schaffen wollte. Auch das bisherige gesellschaftliche Leben gab er auf und zog sich in die Stille von Wandsbek zurück. In dieser Zeit entstand auch der „Wandsbeker Bote“, eine Zeitschrift, in der er sich kritisch mit dem damaligen Rationalismus auseinandersetzte. Mit viel Humor und einfachen Ausführungen ist ihm dies auch gelungen. Weil seine Kritik fundiert war, wurde sie auch von seinen Lesern angenommen. Ihm ging es darum, Jesus Christus und sein Wirken machtvoll zu bezeugen. Mit ganzer Hingabe diente er dieser Aufgabe. Es gibt herrliche Lieder von ihm, die bis heute in den christlichen Gemeinden gesungen werden. Neben dem Erntelied „Wir pflügen und wir streuen“ gehört auch das Abendlied „Der Mond ist aufgegangen“ dazu. Es war wohl eins der Lieblingslieder von Helmut Schmidt. Ein Chor sang es in der Kirche und die Besucher fielen in dieses Lied ein.

Matthias Claudius führte ein sehr zurückgezogenes, wenn nicht sogar ein ärmliches

Leben in seiner Großfamilie. Die Kinder wurden früh dazu erzogen, für alle Gaben, die ihnen den Lebensunterhalt sicherten, dankbar zu sein. Das schaffte eine innere Zufriedenheit und Fröhlichkeit, die sich in den Liedern ausdrückte und auch andere Menschen in ihren Bann zog.

Das Denken von Claudius war von einem starken Vertrauen auf Gott bestimmt. Dieses Zeugnis, dass wir uns immer und in allen Lagen Gott anvertrauen und unsere Sorgen auf ihn werfen können, bestimmte sein Dasein und zog auch andere in die Gefolgschaft Jesu. Seiner äußeren Not wurde erst dann abgeholfen, als der dänische Kronprinz die Versorgung der Familie mit ihren neun Kindern übernahm. Auch Helmut Schmidt muss etwas von diesem göttlichen Vertrauen geahnt haben, sonst hätte er nicht gerade dieses Abendlied auf seiner Beerdigungsfeier singen lassen.

Die Geburtstagsfeier

In diesem Monat November darf ich den ersten Geburtstag mit unserem Urenkel feiern. Der kleine Jonathan ist für mich ein besonderes Kind, trägt er doch diesen wunderbaren Namen „Von Gott gegeben". So haben wir ihn in unserer Großfamilie mit herzlichem Dank empfangen. Gesund wurde er geboren, aber um seine Mutter haben wir bange Stunden durchstehen müssen. So sagte der Chefarzt der Klinik, der noch in der Nacht in den Operationssaal gerufen wurde, am anderen Tag zu unserer Enkeltochter: „Ihr Leben hing an einem seidenen Faden; aber Sie müssen einen starken Draht nach oben haben, dass Sie diese Geburt durchgestanden haben."

Ja, der Doktor hatte recht und ich selbst bin glücklich über diesen starken Draht nach oben. Wie viel Freude darf nun Christine an ihrem süßen Liebling haben und wir alle auch. Fest nahm ich diesen lieben Schatz in die Arme und drückte ihm einen Kuss auf die Stirn. Welch ein Wunder hat Gott an diesem kleinen Liebling geschehen lassen.

Groß und kräftig ist der Junge in diesem einen Jahr geworden. In der Wohnung rutscht er auf dem langen Gang im Flur hin und her. Es geht ihm alles nicht schnell genug. Ob er wohl später auch ein Marathonläufer wird wie sein Vater?

Stehen hat er auch schon gelernt und ein Tischtuch darf man nun nicht mehr auflegen, sonst landen alle Tassen und Teller auf dem Fußboden. Wie gern zieht er alles zu sich herunter. Kräftig ist Jonathan, und wenn er gefüttert wird, muss seine Mutter immer schnell handeln und ihm das Löffelchen in den Mund schieben, sonst gibt es ein lautes Geschrei. Der Bub weiß, was er will, und er gibt jetzt schon den Ton in der jungen Familie an, so scheint es mir.

Ich staune, wie lecker ihm das Essen schmeckt und wie flott er kauen kann, obwohl er noch keinen einzigen Zahn besitzt. Mir machte das zunächst ein bisschen Sorge, aber Frau Winter, unsere Nachbarin, meinte nur: „Seien Sie froh, dass er erst später die Zähnchen bekommt. Sie werden dann auch länger halten. Kräftig werden sie werden. Dem Kind geht es gut, es kaut Äpfel und Birnen, isst Wurst und Schinken, Kartoffeln und Bohnen. Sie sehen doch seine dicken Bäckchen. Wenn ihm weiter das Essen so gut schmeckt, wird er stark werden wie ein Bär." Damit gab ich mich zufrieden.

Wie glücklich ist das Kind, wenn ich mit ihm singe: „So groß bist du." Dann streckt er seine beiden Ärmchen in die Höhe. Und wenn ich in meinem Lied fortfahre: „So stark bist du", dann breitet er beide Händchen weit aus. Bald wird Jonathan seine ersten Worte über die Lippen bringen und ich übe tüchtig mit ihm: „Sag Oma, Oma!" Das wäre mir ein stiller Triumph, wenn er mich zuerst erwähnen könnte. So stolz bin ich auf meinen Urenkel.

Zu seinem ersten Geburtstag habe ich ihm ein schönes Körbchen mitgebracht. Darin liegt ein silberner Becher, den schon meine Tochter Anne-Ruth erhalten hat und der immer noch in meinem Schrank stand. Außerdem liegt ein Brief darin. Danach hat er schnell gegriffen und ihn nicht mehr losgelassen. Ob er wohl weiß, dass darin das Geburtstagsgeld für die ersten Schuhe liegt? Ich habe für die junge Familie noch einen großen Eimer Biokartoffeln aus unserem Garten mitgebracht. Jonathans Neugier muss wahnsinnig groß sein. Während wir uns unterhalten haben, hat er sich so lange am Deckel zu schaffen gemacht, bis er aufgesprungen ist. Voller Freude griff er gleich hinein und mit kräftigem Schwung warf er die Erdäpfel über die weißen Bodenfliesen. Wir ließen den Kleinen gewähren, bewunderten seine Wurfkraft, lachten laut auf und hatten unseren Spaß daran, auch wenn die Kartoffeln hässliche, schmutzige Spuren im Wohnzimmer hinterließen. Neue Arbeit wartete nun auf mich; denn eine Kartoffel nach der andern rollte er über den Fußboden, Jonathan lachte dabei laut auf und wir klatschten in die Hände. Immer mehr Kartoffeln holte er sich aus dem Eimer. Eigentlich brauchte man für einen kleinen Jungen gar kein teures Spielzeug zu kaufen, musste ich denken. Kartoffeln aus dem eigenen Garten tun es auch.

Wie viel Dankbarkeit kommt mir über die Lippen, wenn ich dieses fröhliche Kind beobachte. Ja, es ist wahr: „Kinder sind eine Gabe Gottes und Leibesfrucht ist ein Geschenk." Wie sehr wünschte ich jeder Familie dieses einzigartige Glück.

Aber ich wäre eine sehr vergessliche Urgroßmutter, würde ich in diesem Monat nicht auch an meine beiden anderen Urenkelchen Charlotta und Marlena denken, die vor zwei Jahren im November das Licht dieser Erde hätten erblicken sollen. Für sie aber hatte Gott einen anderen Weg bestimmt. Nur ganz wenige Tage vor ihrer Geburt holte sie der Vater im Himmel in seine neue Welt heim. Das Leben auf unserem schönen Erdball war ihnen verwehrt, aber Gott hatte sie in seine wunderbare, noch herrlichere Welt heimgeholt. Erst an ihren Gräbern wurde mir die Größe der Auferstehung bewusst. Viele Tränen vergoss ich über diesen Verlust. Aber in mir wuchs auch das Heimweh nach Gottes großer, erbarmender Liebe in seiner Ewigkeit. Ob der Mensch jung oder alt in der oberen Welt sein neues Zuhause findet, ist für unser Leben nicht ausschlaggebend. Bei unserer Geburt spricht der Schöpfer sein Ja zu uns und wird auch sein Ja zum schönsten Ereignis der Erlösung sprechen. Ich weiß nicht, wann ich das Ziel meines Daseins erreichen werde. Aber einmal wird mir der Vorhang zum Himmel aufgetan. Das nimmt mir die Angst vor dem Tod, denn dann werde ich Gottes größte Gnade in seiner Vollkommenheit erfahren. Mit himmlischer Gewalt wird mir mein Herr das Tor zur Begegnung mit Jesus öffnen und der Tod wird durch den Glauben an das ewige Leben in Freude verwandelt.

Wer nicht dieses innige Verhältnis mit Jesus kennt, empfindet das Sterben als Hölle. Aber durch Christi einmalige Tat am Ostermorgen hat er dem Tode die Macht genommen und sie will allen gelten. So darf der Ruf laut erschallen: Du Mensch, lass dich versöhnen mit Gott.

Dietrich Bonhoeffer, der ja schon mit 39 Jahren zum Märtyrer wurde und in Flossenbürg am Galgen hingerichtet wurde, hat es in tröstenden Worten gesagt: „Es ist das Befreiende von Karfreitag und Ostern, dass die Gedanken weit über das persönliche Geschick hinausgerissen werden zum letzten Sinn allen Lebens, Leidens und Geschehens überhaupt und dass wir eine große Hoffnung haben." So feiere ich den Geburtstag meiner drei Urenkelchen im November 2015 als ein Geschenk von Gottes mächtiger Gabe im Leben, aber auch im Sterben. Sie bleiben mir in Dankbarkeit in meinem Herzen.

Eine schreckliche Nacht

Schreckliches ist in Paris geschehen und ich werde es wohl nie begreifen können, wie Menschen so niederträchtig und abscheulich ihren Hass in blutige Taten umsetzen können. Es war der 13. November 2015 und wir rechneten mit einem schönen, unterhaltsamen Fußballabend im Fernsehen. 80 000 Besucher füllten das gewaltige Stadion in Paris und wollten das Fußballspiel Frankreich gegen Deutschland miterleben. Die Deutschen waren ja in Brasilien Weltmeister geworden und es war für die französische Mannschaft eine Herausforderung gegen diese Mannschaft anzutreten. Siegen wollten die Deutschen, unbedingt siegen. Das ist dann aber den Franzosen mit einem 2:0 gelungen. Doch am Schluss dieses Spiels sprach keiner mehr über diesen Sieg; denn die terroristischen Anschläge, die an diesem Abend verübt wurden, überschatteten alle Freude. Zu diesem mörderischen Geschehen bekannte sich die Terrororganisation „Islamischer Staat". Die Attentate waren strategisch gut geplant und mit einer ungeahnten Härte und Grausamkeit durchgeführt worden. An sieben verschiedenen Orten wurden Morde durch Schießereien und auch eine Geiselnahme durchgeführt. Eigentlich hatte diese Bande geplant, bis ins Innere des Fußballstadions durchzudringen und dort einen grässlichen Anschlag durchzuführen. Wäre ihnen dies gelungen, dann hätten sie ein Blutbad ohnegleichen angerichtet, denn alle Ränge waren mit Zuschauern dicht gefüllt und auf dem Spielfeld waren die beiden Mannschaften. Die Terroristen hatten sich Tickets besorgt und wollten mehrere Bomben zur Detonation bringen. Aber ein Wachmann hatte beim Einlass eines Besuchers den Sprengstoffgürtel entdeckt, worauf dieser schnell die Flucht ergriff. So wurde dem Terroristen der Zutritt zum Stadion verwehrt.

Schon kurz darauf in der zwanzigsten Minute hörte man den explosionsartigen Knall einer ersten Detonation, dem in kurzen Abständen noch zwei weitere folgten. Diese Bandenmitglieder hatten sich dabei selbst in die Luft gesprengt. Der Wächter am Eingangstor müsste als Held geehrt werden, denn aufgrund seiner Aufmerksamkeit konnte noch Schlimmeres verhindert werden. Noch ahnte aber wohl niemand, wie viele tödliche Angriffe noch folgen sollten. Die meisten Stadionbesucher, die man fragte, wie sie diese heftigen Geräusche einordnen würden, waren der Meinung, dass es sich wohl um Feuerwerkskörper gehandelt haben müsste. Es waren aber terroristische Anschläge. Sogar die französischen Spieler blieben nach Schluss des Spiels aus Solidarität bei den Deutschen, die die Nacht in den Katakomben zubringen mussten; denn auf den Straßen war es viel zu gefährlich geworden.

Am darauffolgenden Morgen wurde dann die deutsche Mannschaft direkt zum Flughafen gebracht und erreichte unbeschadet die Heimat.

Auch die Zuschauer durften das Stadion direkt nach dem Spiel nicht verlassen, sondern wurden gebeten, auf dem Spielfeld zu verharren. Die Bewohner der Stadt wurden angehalten, in ihren Wohnungen zu bleiben.

Die Terroristen hatten sich besonders Bars und Restaurants ausgesucht und dort wie wild um sich geschossen. Ihre Wut kannte keine Grenzen. Mit Kalaschnikows schossen sie in die Reihen der Gäste und töteten mindestens 34 Personen. Es gab auch sehr viele Verletzte. Aber ihre Mordlust fand noch kein Ende. Die Täter drangen noch in andere Lokale ein und richteten mit ihren Sturmgewehren ein regelrechtes Blutbad an. Es gab weitere 24 Tote und eine Reihe von Verletzten. Einige von ihnen ringen noch immer mit dem Tode. Blinde Wut und entsetzlicher Hass trieben die Terroristen zu solch wahnsinnigen Taten.

Das schlimmste Verbrechen ereignete sich im Bataclan, einem Pariser Konzertsaal. Dort fand vor über 1500 Besuchern ein Konzert der amerikanischen Rockband Eagles of Death Metal statt. Die schwer bewaffneten Männer stiegen aus ihrem schwarzen Auto aus und drangen gewaltsam in das Gebäude ein. Die Terroristen feuerten wie wild in das Publikum hinein und töteten mindestens 89 meist junge Menschen. Außerdem verletzten sie viele so schwer, dass man mit weiteren Toten rechnen muss. Einige der überlebenden Geiseln berichteten von regelrechten Hinrichtungen. Dabei sollen die Terroristen laut auf Arabisch „Allah ist groß!" gerufen haben. Sogar Handgranaten wurden in den Konzertsaal geworfen. Ein Terrorist wurde von der Polizei getötet, die andern sprengten sich selbst in die Luft.

Kein Mensch kann erahnen, welche Ängste und Qualen die Besucher durchstehen mussten, von denen viele über mehrere Stunden als Geiseln gefangen gehalten wurden. Einigen gelang die Flucht durch die geöffneten Fenster und Hinterausgänge, aber viele mussten auf dem Boden liegend ausharren, bis sie dann von der Polizei befreit wurden. Die Terrororganisation „Islamischer Staat" bezeichnet ihre mörderischen Taten als einen „gesegneten Kreuzzug." Welch wirre, ja teuflische Gedanken müssen sich in das Hirn der Attentäter verirrt haben.

Der Bevölkerung von Paris wurde geraten, keine öffentlichen Veranstaltungen zu besuchen. Es wurde sogar ein Versammlungsverbot bis zum 19.11.2015 ausgesprochen. Paris glich am nächsten Morgen einer ausgestorbenen Stadt. Der Staatspräsident rief noch kurz vor Mitternacht den Notstand aus. Grenzkontrollen wurden angeordnet. Sogar 1500 Soldaten patrouillierten durch die Straßen. Der Flughafen wurde geschlossen und auch der U-Bahnverkehr war zeitweise eingestellt.

Es ist erstaunlich, dass auch im Fernsehen zum Gebet aufgefordert wurde. Manche Menschen hielten Schilder hoch mit der Aufschrift: „Betet für Paris!“ So hörte ich, dass die Fußballspieler Bastian Schweinsteiger und Mario Götze von Bayern München zum Gebet aufgerufen hätten. In dieser Notsituation wurden sich viele Menschen bewusst, dass nur das Rufen zu Gott dem mörderischen Treiben ein Ende bereiten kann.

Aus großen Teilen der Welt trafen Beileidsbekundungen ein. So sprachen Bundeskanzlerin Merkel, der amerikanische Präsident Obama und viele andere Präsidenten ihre Anteilnahme aus und bekundeten, Frankreich in seinem Leid beizustehen und es auch zu unterstützen. Viele der Regierenden trauerten, ja sie weinten sogar mit Frankreich und sagten, dass es der Bevölkerung in ihren Ländern ähnlich erginge. Auch der Papst in Rom verurteilte die Terroristen und betete mit den Gläubigen, die sich im Vatikan versammelt hatten. In vielen Städten wurden vor den französischen Botschaften und an öffentlichen Plätzen Kerzen aufgestellt und Blumen abgelegt. Rathäuser und andere wichtige Gebäude wurden in den Farben der Trikolore illuminiert. Besonders möchte ich erwähnen, dass man das World Trade Center in New York in den Farben Frankreichs anstrahlte. Es war ja am 11. September 2001 durch Terroristen zerstört worden, wurde aber inzwischen wieder aufgebaut. Wir aber als Christen dürfen uns einreihen in die große Schar der Beter und laut die Worte des Propheten Jesaja hinausrufen: „Tröstet, tröstet mein Volk, spricht euer Gott!"

So ist das Gebet um Frieden das dringlichste. Aber es ist auch nötig, dass der Herr bei vielen Menschen in der Welt ein geistliches Erwachen, ja eine große Erweckung schenkt. Mir wäre dies das wichtigste Anliegen und die schönste Freude, wenn ich solch eine Segnung noch in meinem Leben erfahren dürfte.

Bolzen und Beten in den Ferien

So steht es als Überschrift eines Berichtes in der Tageszeitung des Werra-Meißner-Kreises. Dazu ist ein Bild strahlender und jubelnder Kinder zu sehen, die ihre Hände nach oben strecken. Freude ist auf ihren Gesichtern abzulesen. In ihrer Mitte sieht man auch den glücklichen Pfarrer – es ist unser Sohn – mit seinen Helfern, der sich über eine muntere Fußballmannschaft mit 32 Spielern freut. Vor ihnen auf dem Rasen liegt weit ausgestreckt ein Junge mit dem Fußball im Arm. Unser Sohn hatte mir diesen Ausschnitt der Zeitung zugeschickt. Kinder sind seine Welt. Er liebt sie besonders. Nichts macht ihn glücklicher, als mit ihnen dem Fußball nachzujagen und zu sehen, wie sie ihre Ferienzeit im frohen Spiel zubringen. So berichtet ein Journalist:

Vier Tage lang trafen sich jeden Morgen 32 Kinder von sieben bis zwölf Jahren zum zweiten Fußballcamp der Evangelischen Kirchengemeinde St. Marien in Sooden. Unter dem Motto „Bolzen und Beten“ sangen sie zunächst mit den elf jugendlichen Mitarbeitern und Pfarrer Dr. Daniel Bormuth christliche Lieder und schauten danach jeweils eine Folge im Film über einen Jungen namens Schlunz an, der mit Gott Abenteuer erlebt. Anschließend ging es für zwei Stunden auf die Fußballplätze, Alleerasen, wo Aufwärmen, Techniktraining und eine Mini-WM auf dem Programm standen. Nach dem Mittagessen im Gemeindehaus blieb noch Zeit, um Tischkicker, Basketball oder Tischtennis zu spielen.

Mir wurde es erneut wichtig, wie hilfreich es für einen Verkündiger des Evangeliums ist, wenn es ihm gelingt, Kinder um sich zu scharen und ihnen Freude zu bereiten. Ich weiß nicht, ob unser Sohn ein guter Fußballspieler ist. Aber als er noch ein kleiner Junge war, nahmen ihn seine großen Brüder in ihrer Mitte auf. Zwei Holzstücke markierten das Tor. Wenn es unserem Jüngsten gelang, einen Ball ins Netz zu schießen, hörte ich den lauten Jubel „Tooor“ bis in die Küche.

Manchmal trugen sie den Kleinen auf ihren starken Schultern über unseren Rasenplatz und ehrten ihn wie einen Bastian Schweinsteiger oder Thomas Müller von Bayern München. Nie war es Daniel langweilig in den Ferien, auch wenn er nicht wie mancher seiner Klassenkameraden von großen Reisen nach England, Spanien oder sogar Amerika berichten konnte. Seine Brüder waren seine besten Freunde und so erwarb er sich schon als Fünfjähriger die Gabe, die er später für seine Jungscharkinder auch einsetzen konnte.

Wenn sich ein Pfarrer in dieser Weise um die Jüngsten in seiner Gemeinde kümmert, kann er das Reich Gottes aufbauen, denn oft interessieren sich auch die Eltern dafür und kommen dann gerne mit ihren Kindern in den Gottesdienst. Sie sind zufrieden, dass ihre Zöglinge viel Spielfreude entwickeln und sich in ihren Ferien nicht langweilen oder stundenlang vor dem Computer sitzen. Biblische Geschichten, das Gebet und auch Berichte aus christlichen Erzählbüchern werden dann zu Stützpfeilern eines frühen Vertrauens zu Gott.

Contergan – eine Katastrophe in unserer Zeit

Wie durch ein Wunder habe ich fünf gesunden Kindern das Leben schenken dürfen. Unsere Hochzeit fand im Juni 1957 statt. Die folgende Zeit war für werdende Mütter von viel Angst begleitet. In unserer Gemeinde erwarteten gleich mehrere Frauen ein Baby. Wenn wir uns damals trafen, um gemeinsam einen Spaziergang zu unternehmen oder eine Tasse Kaffee zu trinken, dann kam ganz schnell das Gespräch auf die vermehrten Totgeburten in dem Jahr und auf die geschädigten Kinder. Unsere Zeit der Schwangerschaft war von großer Angst begleitet und jede fragte sich mit Recht: Werde ich ein gesundes Kind zur Welt bringen?

Mich bekümmerte es besonders, dass meine Freundin, die viele Jahre auch meine Klassenkameradin im Gymnasium gewesen war, schwanger war und einer kleinen Tochter das Leben schenkte. Aber das Kind erblickte mit nur einem Ärmchen das Licht der Welt. Das andere war stark verkürzt und ohne Hand. Als Christinchen geboren wurde, quälte mich der Gedanke: Wird unser Kind gesund zur Welt kommen?

Meine Schwangerschaft war schrecklich beschwerlich. Ich litt mehrere Monate unter morgendlicher Übelkeit und mich tröstete nur der Gedanke, dass mein gesundheitlicher Zustand sich bald bessern würde. Jeder Tag, den ich überstand, brachte mich der Geburt meines ersten Kindes näher. Mein Mann versuchte, mir viel Gutes zu tun, und ich erinnere mich noch sehr gut daran, dass er mir einmal ein Pfund herrlicher Aprikosen mitbrachte. Da hatte er tief in die Tasche gegriffen, um mir diese Früchte zu kaufen, denn wir lebten in jenen Tagen finanziell am Existenzminimum und Aprikosen waren teuer. Karl Heinz war noch Referendar und mit einem Gehalt von 340 DM monatlich und einer Miete von 100 DM hätten wir uns solch teures Obst eigentlich nicht leisten können. Er hoffte, dass ich die Aprikosen vertragen und sie meiner Gesundheit dienen würden. Aber am nächsten Morgen stand ich wieder im Bad an der Toilettenschüssel und spülte die wunderbaren Früchte hinunter. Es war mein Glück, dass ich in dieser Zeit keinen Arzt aufsuchte. Das war damals auch noch nicht so üblich, dass die Schwangeren ärztlich betreut wurden, und so quälte ich mich vier Monate lang durch diese Übelkeit. Aber danach ging es mir recht gut und wir freuten uns auf unser Kind.

In der Zeit vom 1. Oktober 1957 bis zum 27. November 1961 war Contergan auf dem Markt. Es wurde millionenfach verkauft und auch werdenden Müttern empfohlen, die unter Schlafstörungen und morgendlicher Übelkeit litten. Es diente zur Beruhigung und war sogar rezeptfrei in den Apotheken zu kaufen. Mir war glücklicherweise dieses Medikament gar nicht bekannt. Und doch wurde ich beunruhigt durch die vermehrten Totgeburten und anderen Organschäden, die bei den Säuglingen auftraten. Die Babys kamen oft ohne Arme oder Beine auf die Welt. Manchmal fehlten ihnen alle Gliedmaßen. Auch Missbildungen an Augen und Ohren wurden festgestellt. Aber geistig waren diese Kinder völlig normal. Viele von ihnen besuchten später die Gymnasien und gingen anschließend zum Studium an die Hochschulen. Dennoch mussten sie viele Entbehrungen auf sich nehmen.

In ihrem Alltag haben Behinderte eine Menge Nachteile zu tragen. So können sie nicht wie ihre Gleichaltrigen an manchen Sportarten teilnehmen. Spaziergänge und Aufenthalte in Schwimmbädern sind ihnen oft verwehrt. Auch der Weg zur Schule oder zur Universität ist mitunter nur mithilfe von Autofahrten zu bewältigen. Sogar im eigenen Haus können sie keine Treppen steigen oder sich auf einen Stuhl setzen, wenn ihnen Hände oder Beine fehlen.

Und doch war es erstaunlich, wie Kinder ohne Arme z. B. ihre Beine gebrauchen lernten, um damit zu schreiben, selbständig zu essen und noch vieles mehr zu tun. Ich lernte eine junge Frau kennen, die ohne Arme geboren wurde. An ihren Schultern waren zwei oder drei kleine Finger zu sehen. Luise war verheiratet und Mutter von zwei prachtvollen Kindern, die gesund geboren waren. Intelligent war sie und erlernte einen guten Beruf. Luise fuhr sogar selbständig ein eigenes Auto, das für ihre Behinderung umgerüstet worden war. Mit ihren gesunden Beinen konnte sie das Steuer lenken. Bildhübsch war sie. In dieser Familie spielte sich das alltägliche Leben meist auf dem Fußboden ab. Ihre beiden Töchter hat sie fast ganz allein betreut. Mit ihren Füßen reichte sie ihren Babys das Fläschchen und wickelte auch die beiden auf dem Teppichboden. Nie und nimmer wäre ich so geschickt gewesen wie diese Frau.

Von einer anderen jungen Frau wurde mir berichtet, dass sie wunderschöne Bilder malte. Die Farbpinsel steckte sie einfach zwischen ihre Zehen und zauberte herrliche Blumen, Tiere und Landschaften auf das Papier.

Und doch war die Situation für diese Behinderten nur schwer zu ertragen. Zunächst wusste man nicht, welches die Ursachen für die vielen Totgeburten und Missbildungen bei diesen Kindern waren. Der Skandal weitete sich weltweit aus. Man rechnete mit etwa 5000 behinderten Kindern. Die Zahl der Totgeburten blieb aber unbekannt.

Zunächst war die Bevölkerung ratlos und versuchte, sich dieses Elend durch die Atombombenexplosionen zu erklären. Aber das war ein Irrweg. Erst als ein Rechtsanwalt, dem selbst ein behinderter Sohn geboren wurde, ernsthaft nach den Ursachen dieses schrecklichen Skandals forschte, fiel Licht in diese bedrohliche Situation. Er suchte andere Eltern auf, deren Neugeborenes ebenfalls missgebildet zur Welt gekommen war, und fand etwa zweihundert Familien. Ihm gelang es, dass ernsthafte Untersuchungen unternommen wurden. Nach und nach entdeckten Forscher, dass alle diese Mütter in der Anfangszeit ihrer Schwangerschaft Contergan eingenommen hatten, weil sie schlecht schlafen konnten oder am Morgen von Brechreiz geplagt waren. Es war der Wirkstoff Thalidomid, der die Wachstumsentwicklung der Föten hemmte, wenn dieses Medikament in den frühen Schwangerschaftswochen eingenommen wurde. Erst ab dem 1. Oktober 1961 wurde Contergan rezeptpflichtig. Aber noch immer war die Zahl der geschädigten Kinder enorm hoch.

Schließlich wurde das Medikament am 27. Oktober 1961 vom Markt genommen, nachdem eine Veröffentlichung in der „Welt am Sonntag" für den nötigen öffentlichen Druck gesorgt hat.

1961 richtete Westdeutschland auch zum ersten Mal ein Gesundheitsministerium auf Bundesebene ein. Nach und nach fand man heraus, dass nicht nur Arme und Beine bei den Neugeborenen betroffen waren, sondern man entdeckte fünfzehn Jahre später, dass auch organische Erkrankungen vorlagen. Für viele Contergangeschädigte begann die Schwere dieser kritischen Phase erst viel später.

Von Bianca Vogel, einer paralympischen Dressurreiterin, die zweimal die Goldmedaille bei olympischen Spielen gewonnen hatte, weiß ich, dass sie viele Jahre ihre ganze Kraft in den Sport steckte, um solch hohe Ziele zu erreichen. Sie gewann auf Turnieren einen Titel nach dem anderen. Aber als sie älter wurde, stieß sie an ihre Grenzen. Schon ein Spaziergang wurde für sie zum Problem. Sie litt unter schweren Verschleißerscheinungen. Die Gelenke konnten ihre Funktionen nicht mehr recht wahrnehmen und sie hatte starke Schmerzen.

Menschen mit Conterganschädigungen tragen ein erhöhtes Risiko für Herz- und Kreislauferkrankungen. Sie können schon in frühen Jahren einen Herzinfarkt oder Schlaganfall erleiden. Und doch muss ich immer wieder staunen, wie sich Menschen, die derart eingeschränkt sind, um eine selbstbestimmte Lebensgestaltung bemühen. Dies haben sie schon früh in ihren Kindheitstagen gelernt und trotzen ihren schweren Behinderungen. Tapfer schlagen sie sich in ihrem Leben durch.

Nun will ich noch einmal auf meine Freundin zurückkommen. Mit ihr und Christinchen blieb ich über viele Jahre verbunden. Dann aber erhielt ich eines Tages die Nachricht, dass meine Freundin an plötzlichem Herzversagen verstorben sei. Sie war gerade mal etwas über 50 Jahre alt geworden. Ich nahm an der Beerdigung teil. Viel zu früh verlor Christinchen ihre Mutter. Und doch trug der tapfere Teenager den schweren Verlust. Bei der Trauerfeier nahm sie allen Mut zusammen und hielt eine kurze Rede. Sie dankte Gott, dass er ihr in ihrer nicht leichten Zeit eine so liebevolle und wunderbare Begleitung in ihrer Mutter geschenkt hatte. Sie war es, die ihr immer wieder Mut machte, ihre schwere Behinderung anzunehmen und daran zu arbeiten, ein selbständiges Leben zu führen. Die Mutter führte sie durch ihre Gebete und die biblischen Geschichten auch auf den Weg des Glaubens. So lernte sie früh Jesus Christus als ihren Herrn und Retter in ihrem Leben kennen. Ihr Lobpreis aber galt Gott, der ihr eine so treue und herzliche Mutter geschenkt, sie aber nun in seine Herrlichkeit aufgenommen hatte. Dieser Ewigkeit strebe sie nun selbst entgegen und schöpfe Trost, dass sie am Himmelstor von ihrer Mutter sehnlichst empfangen würde. Sie selbst habe nun eine gute Spur zu Jesus gefunden und gehe wie ihre Mutter diesem Ziel entgegen.

Wir Zuhörenden waren von diesem klaren Christuszeugnis bewegt und manchem Trauernden liefen beim Refrain des sich anschließenden Abschlussliedes die Tränen über die Wangen: Das wird allein Herrlichkeit sein, wenn frei von Weh ich sein Angesicht seh.

Ich liebe meine Bibel

Wer meine Bibel sieht, wird sich fragen: warum kauft sich eine Autorin nicht eine neue? Gewiss, das habe ich mir auch schon überlegt, vor allen Dingen, als sich einige Seiten darin lösten. Auch der Ledereinband ist sehr abgegriffen. Schon beim ersten Aufschlagen sieht man, wie der Einband total beschädigt ist und die Seiten bald ganz zerfleddert sein werden. Zum Teil sind die Seiten eingerissen, und wenn man sie aufschlägt, fallen die die vielen roten Unterstreichungen ins Auge. Eine neue Bibel würde einer Verkündigerin des Evangeliums besser anstehen.

Aber selbst wenn mir eine nagelneue Bibel geschenkt würde, die zudem noch sehr wertvoll und teuer wäre, würde ich sie nicht gegen meine alte eintauschen, denn mit meiner Bibel aus früher Zeit verbindet mich ein inniges Verhältnis. Sie ist mir das liebste Buch, das ich besitze, und ich habe mir eine Menge Bücher im Laufe der Jahre angeschafft. In unserer Wohnung findet sich keine Wand mehr, an die ich ein Regal stellen könnte. Schon immer wollte ich alle unsere Bücher zählen, aber die Vielzahl von mehreren Tausenden schreckt mich ab. Die Bücher sind auch nicht alle meine Errungenschaft. Der größere Teil ist im Besitz meines Mannes, der als Dozent am Marburger Bibelseminar und an der Theologischen Hochschule Tabor gerade in Bezug auf die Neuerscheinungen immer zugegriffen hat. In der Buchhandlung war er einer der besten Kunden.

Ich werde mich, solange ich lebe, nicht von meiner Bibel trennen, denn ich liebe Gottes Wort. Es hat mich seit meiner Hinwendung zu Christus ein Leben lang begleitet. Die ersten Verse, die ich rot unterstrichen habe, stehen in Hosea 2,21-22: „Ich will mich mit dir verloben in Ewigkeit; ich will mich mit dir vertrauen in Gerechtigkeit und Gericht, in Gnade und Barmherzigkeit. Ja, im Glauben will ich mich mit dir verloben und du wirst den Herrn erkennen."

Am Bild der Ehe machte mir damals der Pfarrer deutlich, welch wunderbare Verbindung Jesus mit mir eingehen will. Er vertraut sich mir an und will mich in seine Gemeinschaft aufnehmen wie ein Bräutigam seine Braut. Nie mehr soll dieses Band auseinanderbrechen. In Gnade und Gericht wird sich mein Herr zu mir stellen und mir seine Liebe zeigen. Ich weiß es noch wie heute, wie ich mich in einem kleinen Seelsorgestübchen neben dem Pfarrer niederkniete und seine Worte wiederholte, die er mir im Gebet vorsprach. Dann legte er mir noch die Hände auf und segnete mich.

66 Jahre sind darüber ins Land gegangen, aber diesen Bund mit mir hat Jesus nie gelöst. War ich untreu, so blieb er treu. Damals habe ich insgeheim ein Gelübde gesprochen, ganz allein für mich, dass ich jeden Tag Gottes Wort lesen will. Zu Beginn meiner Nachfolge habe ich nicht immer verstanden, was ich gelesen habe, und auch heute gibt es Stellen in der Heiligen Schrift, mit denen ich Schwierigkeiten habe. Mein Denkvermögen ist zu schwach, um die Größe der Wahrheiten Gottes zu begreifen. Solche schwer verständlichen Kapitel lese ich zwar, lasse sie auf mich wirken und blättere dann im Text weiter.

Von allen biblischen Büchern sind mir die Psalmen am liebsten. In vielen Situationen wurden sie mir zur Tröstung und Ermutigung. Eine Reihe von ihnen habe ich auswendig gelernt, muss aber zugeben, dass ich manche Verse wieder vergessen habe. Das hängt wohl auch mit meinen vielen Lebensjahren zusammen. Doch ich höre nicht auf, mich immer wieder in die Psalmen zu vertiefen und sie mir neu in mein Gedächtnis einzuprägen.

Mir wird eine Zeit bewusst, da ich das Leid tief in meiner Seele spürte und dachte, ich müsste daran zugrunde gehen. Es war mir nicht leicht, immer die Zusagen meines Herrn zu begreifen. Und doch waren es manchmal nur wenige Worte, die mir Durchhaltevermögen und Kraft gaben. Einige Verse will ich davon zitieren: „Ich aber bin elend und mir ist wehe. Gott, deine Hilfe schütze mich. Die Elenden sehen es und freuen sich; und die Gott suchen, denen wird das Herz leben. Denn der Herr hört die Armen und verachtet die Gefangenen nicht“ (Psalm 69,30.33.34). Ich fühlte mich damals im November 1973 wie in einem Käfig der Verzweiflung gefangen. Meine Schwester war durch ein Zugunglück schwer verletzt worden. Sie hatte, wie mir erzählt wurde, den Aufprall des Schnellzugs auf einen Interzonenzug als Einzige in dem letzten

Waggon überlebt. Ich habe noch nie zuvor einen Menschen gesehen, der so zerschunden und von so vielen Wunden übersät war. Die Helfer hatten sie aus dem Zugabteil herausgeschweißt. Fast nichts an ihr war heil. 36-mal wurde sie in Kassel im Stadtkrankenhaus operiert. Über drei Jahre lag sie in dieser Klinik. In den Anfangsmonaten fuhr ich jeden Abend gegen zehn Uhr nach Kassel und kehrte morgens um halb sechs zurück. Die Stunden am Bett meiner Schwester wurden mir zur Qual. Ihr Schreien riss mir fast das Innerste aus meiner Seele, wenn alle zwei Stunden die Wunden an einer anderen Stelle verbunden wurden. Ich bin oft in einen höheren Stock geflüchtet, weil ich nicht wusste, wie ich ihre Verzweiflung verkraften sollte.

In den Psalmen suchte ich Trost und habe sie im Patientenzimmer immer wieder laut vorgelesen und danach mit Grete gebetet. Damals konnte ich auf der Fahrt von Marburg nach Kassel keinen Roman, keine Dramen von Schiller oder moderne Kurzgeschichten lesen, sondern ich klammerte mich an die Botschaft Gottes, vor allen Dingen an die Psalmen. So heißt es in Psalm 69,2-4: „Gott, hilf mir; denn das Wasser geht mir bis an die Seele. Ich versinke im tiefen Schlamm, da kein Grund mehr ist; ich bin im tiefen Wasser und die Flut will mich ersäufen. Ich habe mich müde geschrien, mein Hals ist heiser; das Gesicht vergeht mir, dass ich so lange muss harren auf meinen Gott."

In dieser schweren Leidenszeit wurden das Buch Hiob und Teile der Offenbarung zu den größten Schätzen für meine Schwester. Sie war ja noch so jung, gerade mal 38 Jahre alt und Mutter von zwei Kindern. Dieses Klammern an Gottes Wort hat sich ausgezahlt. Wie Hiob konnten wir am Ende dieses schweren Unfalls ausrufen: „Ich weiß, dass mein Erlöser lebt!" Oft wurde mir das lange Warten von drei Jahren in der Klinik unerträglich, aber ich erlebte, dass Grete wieder zu ihrer Familie nach Hause kommen konnte. Welch ein Wunder!

Oder ich denke an die Geburten meiner fünf gesunden Kinder. Auch dieses Geschenk berührte mich im Innersten. Obwohl ich während der Wehen oft dachte: Nie mehr ein Kind, wurde ich danach doch immer heilfroh und lobte Gott. Denn ich wusste: „Kinder sind eine Gabe Gottes und Leibesfrucht ist ein Geschenk!" So wurde mir dieses Bibelwort zu einem wichtigen Zuspruch meines Herrn und vertrieb mir die Angst vor der nächsten Geburt.

Viele Besucher kamen nach der Entbindung zu mir ins Krankenhaus, um mir zu gratulieren. Auch die Studenten aus dem Bibelkreis erschienen alle und die Stationsschwester musste einen Zettel an meine Tür heften, dass sich alle Besucher erst bei ihr melden müssten. Sie war in Sorge, dass mir der Ansturm zu anstrengend werden könnte.

Einen besonderen Gruß erhielt ich von Pastor Bruns. Er war Theologe und Bibelübersetzer, der das Alte und Neue Testament in eine moderne, leichter zu verstehende Sprache übersetzt hatte. Mehrmals hielt er in unserm Hauskreis für junge Menschen Andachten und kannte mich gut. Dadurch entstand eine herzliche Verbindung zu diesem Seelsorger. Damals war gerade unser viertes Kind, Johannes, geboren, ein kräftiger Junge von neuneinhalb Pfund. Pastor Bruns stand an meinem Bett und legte, bevor er sich verabschiedete, seine Hand auf mich und das Baby und segnete uns. Welch eine Wohltat hat er an uns geübt. Noch heute denke ich an ihn, der mit seiner Bibel in das Wöchnerinnenzimmer kam, mir einen Psalm vorlas und dann über mir und meinem Kind betete. Psalm 92 enthält Verse, die mich zum Dank und zur Freude anregten. „Das ist ein köstlich Ding, dem Herrn danken und lobsingen deinem Namen, du Höchster. Des Morgens deine Gnade und des Nachts deine Wahrheit verkündigen. (…) Denn du, Herr, lässest mich fröhlich singen von deinen Werken und ich rühme die Taten deiner Hände. Herr, wie sind deine Werke so groß! Deine Gedanken sind sehr tief" (Psalm 92,2-3.5-6). Gerade bei einer Geburt wird Gottes Größe offenbar und führt uns ins Staunen hinein.

Ich würde einen wesentlichen Punkt vergessen, wenn ich nicht unseren Trauspruch aus Jesaja 54,10 erwähnte: „Es sollen wohl Berge weichen und Hügel hinfallen; aber meine Gnade soll nicht von dir weichen und der Bund meines Friedens soll nicht hinfallen, spricht der Herr, dein Erbarmer." Mein Verlobter und ich suchten ihn zusammen aus und darüber predigte auch der Pfarrer an unserer Hochzeit. Wie trostvoll wurde mir das Wort von Gottes wunderbarer Gnade. Darüber denke ich immer wieder nach. Für mich kommt es einem Wunder gleich, dass ich in einer sehr großen Familie leben darf. Wie oft fragt mich meine Schwiegertochter, wenn sie zum Einkaufen fährt: „Mutter, brauchst du etwas, das ich dir mitbringen soll?" Oder ich denke an einen schlimmen Schneeregen, der unsere Straßen und Bürgersteige mit Eis bedeckte. Unser Sohn – er wohnt in unserer Nachbarschaft – brachte uns gleich Streusalz und erklärte sich bereit, auch die Schneemassen wegzuräumen. Es ist wirklich Gottes Geschenk und sein Erbarmen, wenn Kinder so liebevoll an ihre Eltern denken, denen manche Arbeit im Alter nicht mehr ganz so leicht fällt.

Ich freue mich auch, wenn sie den Weg zu Jesus finden, die Bibel früh lieben lernen, ihre Eltern versorgen und ihnen helfen. Gewiss geht es meinem Mann und mir körperlich und geistig gut und wir können unsere Hausarbeit und den Garten noch selbst bewältigen. Aber es gibt mir ein wohliges Gefühl zu wissen, dass unsere Kinder, Schwiegerkinder und Enkel immer an uns denken und uns ihre Hilfe anbieten werden, wenn es sein muss.

Aber ich weiß oft auch um traurige Anlässe, die mir das Herz schwer gemacht haben. Ich denke noch an den Tag, als ich zur Beerdigung meiner Mutter fuhr. Fast zwei Jahre hatte sie bei uns gewohnt, als sie pflegebedürftig wurde. Sie war eine geduldige und dankbare Patientin, als sich ihre Lage durch einen Schlaganfall stark verschlimmert hatte. Oft habe ich an ihrem Bett gebetet und uns verband eine innige Liebesbeziehung. Solange sie noch sprechen konnte, hat sie mich gelobt, wenn ich sie fütterte: „Lotte, du kannst aber gut kochen. Wo hast du das nur gelernt?“ Im Stillen musste ich darüber lachen, denn ihr verdanke ich meine Kochkünste. Sie war eine hervorragende Köchin und bedankte sich nun für jeden Handgriff, den ich ihr tat. Besonders glücklich war sie, wenn ihre kleineren Enkel sich zu ihr in die Kissen legten, mit ihr schmusten und dann oft den größten Spaß dabei hatten, das Pflegebett rauf und runter zu bewegen. Sie liebte Kinder über alles. Ihr Lachen und ihre frohe Art hat sie erfreut. Meine Mutter war eine sehr einfache Frau. Sie gönnte sich nicht sehr viel, aber wenn ein Kind geboren wurde, musste ihr Schwiegersohn, der die Kontovollmacht hatte, jedes Mal einen größeren

Geldbetrag für den süßen neugeborenen Schatz abheben.

Aber nun war mir meine liebe Mutter genommen. An ihrem Grab musste ich viel weinen. Dankbar war ich vor allen Dingen, als meine Freundin zu mir trat, mich in ihre Arme nahm und mich fest an sich drückte. Mein Schmerz war groß. Eine liebende Mutter zu verlieren, ist ein schlimmer Verlust. Später, als ich wieder zu Hause war, nahm ich meine Bibel zur Hand und las Mutters Konfirmationsspruch, der auch auf der Traueranzeige stand: „Ich habe dich je und je geliebt; darum habe ich dich zu mir gezogen aus lauter Güte; spricht der Herr" (Jeremia 31,3). Welch einen Trost empfing ich durch diese Zusage. Gott hatte meine Mutter nach vielen Entbehrungen und Drangsalen nun mit dem ewigen Leben gekrönt. Sie war zu ihrem Ziel gelangt und durfte bei Gott in seiner Herrlichkeit ein ewiges Zuhause finden. Befreit war sie nun von allen Lähmungen, Schmerzen und Schwachheiten. Dieses Prophetenwort hat mich neu aufgebaut und meine Trauer in sein wunderbares Licht gestellt.

Wie sehr die Bibel anderen Menschen

zum Heil wurde, will ich an dem berühmt gewordenen Dichter Dostojewski deutlich werden lassen. Auch sein Leben war von vielen Tragödien begleitet. Er hatte gerade sein erstes Buch veröffentlicht, das zu einem großen Erfolg wurde, als ihm etwas völlig Unerwartetes zustieß.

Auf dem Semjonow-Platz in Moskau sollte er mit noch fünfzehn anderen Häftlingen hingerichtet werden. Am 22. Dezember 1849 sollte das Todesurteil vollstreckt werden. Er war angeklagt worden, sich in einer Gruppe von Studenten gegen den Zar verschworen zu haben. Noch einmal wurde den Häftlingen das Todesurteil verlesen. Dann ging ein Geistlicher an ihnen vorüber und jeder durfte das Kreuz küssen. Dadurch sollten die jungen Männer getröstet werden. Zum Zeichen, dass sie ihr Leben verwirkt hatten, wurde über ihrem Haupt ein Degen zerbrochen. Weiße Totenhemden warf man ihnen über. Der Platz war von Schaulustigen überfüllt, die der Hinrichtung beiwohnen wollten. Es war ein riesengroßes Spektakel. Die Trommler hämmerten auf ihre Instrumente. Bevor die Studenten zur Richtstätte geführt wurden, blieben den Verurteilten noch fünf Minuten bis zu ihrem Tod. Diese Zeit kam Dostojewski wie eine Ewigkeit vor. Nie mehr hat er die Situation dort auf dem Platz vergessen. Es waren qualvolle Minuten und doch waren sie von besonderem Reichtum angefüllt. Sie enthielten Leben, so viel wirkliches Leben. Er verabschiedete sich in Gedanken von all seinen Lieben. Dann wollte er nur noch über sich selbst nachdenken. Er blickte noch einmal zur Kirche hinüber. Die Sonne schien auf ihre vergoldete Kuppel. Das hat ihn fasziniert. Es war ihm zumute, als wären diese Strahlen seine neue Natur. Später schrieb er über dieses Erlebnis:

„Wie aber, wenn ich nun nicht zu sterben brauchte? Wenn ich weiter leben könnte? Was für eine Ewigkeit? Und das alles würde dann mein sein. Ich würde dann jede Minute in ein ganzes Jahrhundert verwandeln; nichts von meiner Zeit würde ich verlieren, jede Minute berechnen, keinen Augenblick ungenützt vergeuden." Er wartete auf seine Hinrichtung, aber sie kam nicht, denn er wurde in letzter Minute begnadigt. In einem Brief an seinen Bruder Michael schrieb er darüber:

„Nun ist alles entschieden. Ich bin zu vier

Jahren Zwangsarbeit in einer Festung verurteilt. Hinterher gemeiner Soldat. Mein Gott, wie viele Gestalten, lange gehegte und neu geschaffene, werden verderben, in meinem Kopf verlöschen oder sich als Gift in mein Blut einsaugen. Ja, wenn ich nicht schreiben darf, werde ich zu Grunde gehen. Besser 15 Jahre Kerkerhaft, aber mit der Feder in der Hand."

Für den Dichter folgte eine schwere Zeit in Sibirien. Auf dem Weg dorthin war er auf einen Schlitten gefesselt. Aber während eines kurzen Aufenthalts in einer Haftanstalt schenkte ihm eine adlige Dame eine Bibel. Sie war seine einzige Lektüre in dieser Eiswüste. Niemals hat er sie aus der Hand gegeben, sondern sie täglich gelesen. In seinen Romanen erzählt er darüber:

„Im Allgemeinen wurde im Zuchthaus ganz entsetzlich gestohlen. Ein Mithäftling hat sich eines Tages meine Bibel unter den Nagel gerissen. Er brauchte ihre dünnen Seiten, um sich damit Zigaretten zu drehen." Dann aber sah der Dieb, wie verzweifelt Dostojewski darüber war. Er mochte sein trauriges Gesicht nicht mehr anblicken. Dann brachte er ihm die Bibel wieder zurück, aber nicht aus Reue, sondern aus Mitleid. „Hier, nimm deine Bibel", sagte er, „ich kann dich sonst nicht mehr ansehen." Die Bibel war für den Dichter wie ein Heiligtum.

Noch in seiner Todesstunde hat ihm seine Frau daraus vorgelesen und ihm Trost gespendet. Keiner hat Dostojewski so stark fasziniert wie die Person Jesu Christi. Im Evangelium hat er ihn kennengelernt und ihn geliebt. Wie geschah dies?

Es war auf einer Reise in Italien, wo er eine Galerie besichtigte. In einem Saal hing ein wunderbares Kunstwerk von der Kreuzigung Jesu auf Golgatha. Lange saß er vor diesem Gemälde und schaute sich das Bild des leidenden Christus an. Er war davon tief bewegt und verließ erst nach Stunden die Galerie. Hier ereignete sich seine Bekehrung. Er ging nach Hause zu seiner Frau und von der Stunde an hat er nie mehr ein Spielkasino besucht. Er wurde innerlich erneuert und von seiner Spielsucht befreit. Damit begann auch seine Liebe zur Bibel.

In seiner letzten Rede, die er zu Ehren Puschkins hielt, rief er aus: „Mag unser Land arm sein, aber dieses arme Land durchwandert Christus in Bettlergestalt."

Auf seinem Grabstein können wir noch heute die Worte aus dem Johannesevangelium lesen: „Wahrlich, wahrlich, ich sage euch: Es sei denn, dass das Weizenkorn in die Erde falle und ersterbe, so bleibt es allein. Wenn es aber erstirbt, dann bringt es viel Frucht“ (12,24). Welch eine tiefe Wahrheit enthält dieses Wort.

Auch in mir hat Gottes Wort Frucht gewirkt, manchmal unter Tränen, dann aber auch unter Jubel und herzlichem Dank. Ich möchte meine Bibel niemals mehr missen. Auch ich bin wie der russische Dichter von der Bibel fasziniert. In seiner Sterbestunde hat er sie seinem ältesten Sohn übergeben, damit er sie täglich lese und sie wie einen Schatz in Ehren halte.

Adresse:
Lotte Bormuth
Sperberweg 8a
35043 Marburg
Tel. 06421/41347